传统武术高质量发展研究与实践

朱强 / 著

九 州 出 版 社
JIUZHOUPRESS

图书在版编目（CIP）数据

传统武术高质量发展研究与实践 / 朱强著. — 北京：
九州出版社，2025.5. — ISBN 978-7-5225-4033-7

Ⅰ. G852

中国国家版本馆CIP数据核字第202510HW71号

传统武术高质量发展研究与实践

作　　者	朱　强
责任编辑	李　荣
出版发行	九州出版社
地　　址	北京市西城区阜外大街甲 35 号（100037）
发行电话	（010）68992190/3/5/6
网　　址	www.jiuzhoupress.com
印　　刷	武汉怡皓佳印务有限公司
开　　本	170 毫米 × 240 毫米　16 开
印　　张	14.875
字　　数	205 千字
版　　次	2025 年 6 月第 1 版
印　　次	2025 年 6 月第 1 次印刷
书　　号	ISBN 978-7-5225-4033-7
定　　价	72.00 元

前 言

　　中国式现代化是中国共产党领导的社会主义现代化,既遵循现代化的一般规律,又立足中国国情,强调物质文明与精神文明协调发展、人与自然和谐共生、共同富裕与和平发展协同并进。在这一历史进程中,传统文化作为民族精神的核心载体,其传承与创新不仅是文化自信的根基,更是推动社会全面进步的重要力量。传统武术作为中华文明的瑰宝,承载着哲学智慧、道德伦理与身体实践的统一,其高质量发展不仅是文化传承的必然要求,也是中国式现代化在体育与文化领域的重要实践。

一、中国式现代化与传统武术发展的时代耦合

　　党的二十大报告明确将"以中国式现代化全面推进中华民族伟大复兴"确立为战略目标,强调各领域须在现代化征程中实现高质量发展。传统武术,作为非物质文化遗产的重要组成部分,其现代化转型不仅是应对全球化挑战的必然选择,也是增强民族文化认同感、提升国际形象的重要途径。当前,传统武术面临着技艺传承断裂、文化内涵解读浅显、国际传播能力薄弱等挑战,亟须依托中国式现代化的理论导向,探索传统与现代、本土与国际间的和谐共生之道。

二、高质量发展的多维内涵与实践方向

　　传统武术的高质量发展须以"中国式现代化"理念为核心,构建集"传承—革新—传播—融合"为一体的综合实践框架,具体如下。

　　技艺传承的深化:结合师徒制与现代教育体系,强化武术技艺的活态传递,注重身心德全面发展的实践体验,规避机械化、形式化的倾向。

　　文化价值的深度挖掘:从哲学、医学、美学等多角度揭示武术的深层智慧,如"天人合一"的生态哲学、"刚柔相济"的辩证思维,使之成为现代人精神滋养的源泉。

国际传播策略的创新：利用"一带一路"等国际合作平台，构建武术文化的国际传播体系，通过数字媒介、品牌赛事等手段提升国际影响力。

学科体系的健全：促进武术与现代体育学、健康管理等领域的交叉融合，构建既具中国特色又符合国际标准的学科架构，服务于全民健康与体育强国战略。

三、研究框架与核心贡献概述

本书遵循"理论架构—实践策略—案例分析"的逻辑脉络，全面探讨了中国式现代化语境下传统武术的发展议题，具体如下。

理论维度：阐释中国式现代化对传统文化转型的引领作用，提出"文化自主性"与"现代适应性"的双向互动理论框架。

实践维度：借鉴孔子"六艺"教育及健身养生理念，按照太极拳理、拳法，通过具体招式展现儒家文化精髓，促进全民健身，实现身心修养、文化传承与体质增强的目标。

案例维度：分析传统形意拳、古剑术、古刀术、太极拳、健身功法等传统武术项目的现代化转型实例，揭示其通过技术创新与文化叙事融入现代生活的路径，为全世界提供"中国智慧"样本。

四、研究方法

"对症下药，量体裁衣"，采用何种研究方法和手段要根据所解决任务的需要而定。本书涉及武术的历史学、比较学、伦理学、逻辑学等多学科相关知识，以辩证唯物主义和历史唯物主义为指导，努力做到多重研究方法相结合，具体方法有以下几种。

（一）文献资料法

研究过程中，参阅了大量传统武术相关著作，观看了历届传统武术比赛的影像资料，利用武术文献资料和中国期刊网对武术理论发展的相关问题进行搜集、整理、分析，选择了理论上符合或接近传统武术训练的技术方面的信息。

（二）专家访谈法

一方面，访问了太极拳、八卦掌、八极拳、形意拳、螳螂拳等具有代表性的传统武术名家，如山东师范大学体育学院院长王海鸥教授、华东师范大学博士生导师杨建营教授、盐城师范学院戴俊教授、广州中医药大学郑健教授等，听取了他们关于传统武术的新观点和传统武术适应新形势的新思路；另一方面，跟踪采访了水平较高的运动员，特别是参加过近几届传统武术比赛的运动员，探索了一些具体新颖的训练方法。

（三）逻辑分析法

结合自身练习及带队训练的经验和专家的训练观点，以当前形势和传统武术的特点为依据进行分析、对比研究，提炼出行之有效的传统武术训练方法、训练原则及训练模式。

（四）归纳法

按照避免重复的原则，从通过文献资料收集、专家调查访谈、经验总结等方式获得的第一手资料中，归纳整理出一系列符合或接近当前形势的传统武术训练新思维、新模式。

（五）比较法

比较各种技战术训练方法之优劣，按照系统、实用、不重复的原则，筛选出一套科学系统的方法模式，提出结论和建议，并完成研究报告。

五、面向未来的愿景

中国式现代化并非对传统的摒弃，而是通过创造性转化赋予其新生。传统武术的高质量发展须坚守文化根源，同时积极拥抱数字技术、健康产业等新兴领域，成为联结过去与未来、本土与世界的纽带。本书旨在通过理论与实践的双重探索，为传统武术的现代化转型提供系统性策略，并为其他传统文化的创新发展提供范式借鉴。本书的成书得益于恩师姜周存先生三十余载的悉心教导与技艺传承，刘国光老师的专业拍摄及图像处理，以及师兄弟孙信善、张法全等人的鼎力相助与资料搜集支持，在此致以诚挚的谢意。我们相信，在中华民族伟大复兴的征程中，传统武术必将以更加自信的姿态书写属于新时代的华章。

目 录

第四章 古剑术技术分析

第五章 古代长刀技术的传承与创新

第六章 太极拳的创新与发展

第七章 健身从功法开始，健康由我做主

第一章

传统武术研究综述

第一节　传统武术的研究现状

武术，作为中华民族所独有的传统体育项目，是扎根在华夏大地宏伟博大的文化沃土之中，伴随着中华五千年的文明而孕育和成长起来的。几千年来，武术在中华民族的发展进程中曾产生过不可磨灭的影响。然而，一方面，随着近现代自然科学的快速发展，特别是鸦片战争以后，军事上的近身攻守拼杀技术在战争中逐步为远距离火器攻防技术所取代；另一方面，随着当代竞技体育全球性的迅速传播和普及，力量与速度的运动思想逐渐占据了现代人的头脑。这就使土生土长的传统武术在继承传统与适应时代之间产生了诸多矛盾，也成为了近几年来武坛上关于中华武术何去何从问题的争鸣焦点。

理论的困顿与实践的窘迫使人们开始深入思考矛盾的根源所在。在许多有识之士和武林人士在争鸣中不断思考和反省，认为"中华武术不能失去中华传统，武术应返璞归真"，同时传统武术的理论研究、内容挖掘和发展模式等工作都也取得了实质性进展。当今时代，科学技术飞速发展，作为实践性较强的武术项目，我们既要学习老前辈们那些优秀的习练思想，也要与时俱进，用科学的现代理论进一步丰富传统武术的理论体系、习练方法及思维模式。我们可以看到，无论是在学校还是民间，无论是在中国还是外国，习练和研究传统武术的风气正日益盛行起来。传统武术的比赛逐年递增，国际性交流日益增多，这让深爱着中华武术的我们看到了希望，同时也增强了前进的信心。新的社会形势下，我们应继承传统，更应发展传统。只有这样，才能使中国传统武术适应新时代的要求，才能使我们中华民族优秀的文化遗产在发展中崛起，才能使我们宏伟博大的传统武术技艺重新焕发出青春的活力。

一、传统武术的现状

中国国家体育运动委员会从 1979 年开始对传统武术进行考察，1986 年在北京召开了全国挖掘整理工作总结表彰会，认定当时拥有 129 个自成体系的拳种。至于各地区各流派的细小分支及不同的套路则不计其数。然而，拳种多，问题也多：有的拳种已失传；有的套路后继无人；有些只剩下整理的书稿而没有人练习；有些只保留套路的"外形"而失去了其固有的"内因"；传统武学思想没有得到很好传承；武术文化没有得到很好发扬；等等。

挖掘整理情况：1979 年 1 月，国家体委下发了《关于挖掘整理武术遗产的通知》的文件，之后社会上便掀起了挖掘整理武术的热潮。在这期间，体委动员了 8000 余名专职武术工作者和业余爱好者，耗资 100 多万，开展了我国武术史上空前的"普查武术家底，抢救武术文化遗产"工作。经过历时 3 年的努力，初步查明了流传各地的"流源有序，拳理明晰，风格独特，自成体系"的拳种 129 个；各省、自治区、直辖市编写的各种拳种相关理论、技术、传播、发展的典籍如《拳械录》《武术杂志》等 651 万多字；录制 70 岁以上老拳师拳艺 394.5 小时；收集了有关文献资料 482 本、古兵器 392 件、实物 29 件，丰富了武术文物资料库，为武术的继承、提高、发展奠定了基础。然而，直至今日，中国武术依然身处困境，2008 年奥运会的竞技项目申请也被否定，原因就在于中国武术没有继承好、发展好。例如，挖掘整理时出版发行的武术书籍中有相当一部分在近年来已经绝版，而全国各省市的许多书店里只能买到一些太极拳系列的书或教学 VCD，偶尔会碰到为数不多的规定套路，而对于传统武术方面的宣传与推广少之又少。也就是说，中国目前严重缺少武术普及方面的书和多媒体教学资料，而且在武术被商业炒作后，已或多或少失去了其原有神韵。

中国传统武术的普及情况：近年来，随着生活水平的提高，人们对健身的要求也越来越高。有关调查统计资料表明，全国经常进行武术锻炼的人达 6500 万以上。但是，这些锻炼者中，青少年大都练习竞技武术或规定套路，中老年人主要练习 24 式、48 式、42 式及陈、杨、吴、孙、武竞赛套路及相应的太极剑术,而练习传统武术的却只占少数。我国中小学体育教科书上虽然已经编入了相当数量的初级套路,但实际教学中的实施却远远不够。大学教学亦是如此,教材中只编入了初级套路,老师在教学中也只教初级套路,导致有些老师只凭一套初级套路就可以高枕无忧。学生不了解武术,自然也就谈不上喜欢了。传统武术这样的传承方式和现状确实令人担忧。

二、传统武术研究综述

中国是文明古国,文化典籍、史册卷帖可谓汗牛充栋,然而有关武术的论著、典籍、传纪却并不多见,特别是关于武术实践的史料更为罕见。直到近年,武术的研究领域拓展开来,相关文论才相继出现并逐渐发展起来。以下将对传统武术的发展与战略、传统武术的概念及传统武术技术训练等方面的相关研究文献进行分析归纳。

(一)传统武术相关概念研究

事物的属性有本质和非本质之分,其本质属性具有排他性和决定性。传统逻辑学认为定义是揭示事物本质的较为简短而明确的命题。因而,给传统武术下定义就要抓住传统武术的本质。传统武术是在中华民族几千年的历史长河中产生并发展起来的,纵观传统武术的发展历史,其定义在不同时期有其不同的阐述。

1932年《国民体育实施方案》首次论及武术:"国术原我国民族固有之身体活动方法,一方面可以供给自卫技能,一方面亦做锻炼体格之工具。"

1961年出版的《体育学院本科讲义——武术》是我国首部全面讲释武术的带有权威性质的教材,它将武术的概念表述为"武术是以拳术、器械、套路和有关的锻炼方法所组成的民族形式体育,既具有强筋壮骨、增进健康、锻炼意志等作用,也是我国具有悠久历史的一项民族文化遗产"。

在1978年出版的《体育系通用教材——武术》中,对武术概念的表述出现了许多新的内容"武术,是以踢、打、摔、拿、击、刺等攻防格斗动作为素材，按照攻守进退、动静疾徐、刚柔虚实等矛盾相互变化的规律编成徒手和器械的各种套路。它是一种增强体质、培养意志、训练格斗技能的民族形式的体育运动"。

在1983年出版的《体育系通用教材——武术》中，武术的概念阐述为"武术是以踢、打、摔、拿、击、刺等技击动作为素材，遵照攻守进退、动静疾徐、刚柔虚实等规律组成套路，或在一定条件下遵照一定的规则，两人斗智较力，形成搏斗，以此来增强体质、培养意志、训练格斗技能的体育运动"。

2000年9月，国家武术管理中心在天津召开全国传统武术工作会议，通过讨论，与会代表一致认为：传统武术是指竞技武术以外的具有"流传有序，体用兼备，理、法、势齐全"的武术拳种。该观点把现今的竞技武术和传统武术两种形式人为地对立了起来。

2004年7月的《体育学刊》（第11卷第4期）中谭炳春的《对武术概念的再认识》一文把武术定义为"武术是以技击作为主要内容，以套路和格斗为运动形式，注重内外兼修、武德兼备，培养全面发展的人的中国传统体育项目"。

周伟良认为，"所谓传统武术是指，在农耕文明背景下形成并发展至今的，以套路、散手包括功法练习为有机活动内容，以家传或师徒传承为主要方式，以提高技击能力为主体价值，注重体用兼备的中华民族传统体育活动"。这种定义给人以民间武术的感觉，是相比于现代竞技武术而对古代武术进行的高度概括。

赵国庆将传统武术定义为"传统武术是以中国传统文化为理论基础，以攻防技击为主要活动目标，体用兼备，打练结合，并融健身修身、防身自卫、娱乐审美为一体，富有浓厚的民族传统特色的身体运动"。此定义对中国传统武术进行了逻辑归纳，适用于发展中的传统武术，具有一定的长远意义。

北京体育大学副教授、武术博士李印东在其所著的《武术释义》中把武术概念分成了广义和狭义两种。广义的武术概念为"武术，亦称'武艺''功夫'，旧称'国术'，是以技击为内容，以身心练习为基本手段，中华民族传承的个人防卫实践活动"；狭义的武术概念为"武术又称武术运动，是在继承传统武艺基础上形成的以技击动作为主要内容的民族体育项目，表现为套路、对抗等多种运动形式"。这是依据逻辑学原理，分析了武术与体育的交叉关系和武术与军事的逻辑关系，并结合武术的民族性和现代性所得出的崭新的观点。

（二）传统武术发展与战略研究

康戈武的《传统武术期待腾飞之日》（《中华武术》创刊20周年特刊）一文，从人类发展和全球发展大趋势层面论述了传统武术的发展必要性。文中观点如：人类强调发展，同样重视传统。没有发展，社会将停滞不前；丢掉传统，发展将失去根基。在全球化趋势下，保持民族的文化传统、体育传统，对于保持世界文化的多样性、体育的多样性都有重要意义。从武术进入现代体育运动后，尤其是在提出竞技武术力争进入奥运会的口号后，人们对弘扬传统武术和保持新编武术的传统特色表现出了极大的关注。

邱丕相的《全球文化背景下民族传统体育发展的思考》（《体育科学》2006年第八期）一文以武术为例，论述了在文化全球化的背景下中华民族的优秀传统文化面临流失，其中也包括具有丰厚历史底蕴的民族传统体育。从文化碰撞的时代下域外武术项目对中国武术的冲击以及学校武术教育的角度论述了民族传统武术的消退与流失，认为应该建立对民族文化和民族传统体育的自信和自觉继承，并就当前武术发展提出了一些问题与建议。

刘晋元在《传统武术创新的哲学思考》（《山东体育科技》2004年第26卷第02期）一文中，依据哲学的有关理论，对传统武术创新过程中的"传统型与现代性""时代性与民族性""继承与创新""创新意识与创新方法""独创与引进"等辩证关系提出一些思考，以期对传统武术创新实践起到理论指导作用，从而促进传统武术的全面发展。

孙艳在《传统武术继承、创新与发展的社会文化思考》（《搏击·武术科学》2007年第4卷第04期）一文中指出，在文化多元化和经济全球化的时代背景下，传统武术是应该以消极的态度任其消亡、流失，还是以积极的态度继承、创新、发展，是我们在文化全球化的背景下必须思考的问题。从社会学角度对传统武术的继承、创新、发展进行了思考，并对传统武术的发展提出一些建议，以期使传统武术能更好地为现代社会服务，为繁荣和发展世界文化服务。

王少军的《论传统武术发展现状与对策》一文从民间武术、学校教育、竞赛武术三个方面对传统武术的影响入手，论述了传统武术已处于进退维谷之境地，指出要发展传统武术就必须提高其地位，将其和竞赛武术放在同等位置，增加相关赛事并纳入体育学院教学教材，逐步提高其传播范围是重中之重。

段丽梅在《影响武术发展的主导因素及其对策》一文中分析了经济、政治、文化等因素对武术的制约和促进作用，提出武术国际化、产业化、社会化是发展武术的必由之路。

徐武、黄光丽在《民间传统武术发展的制约因素及对策》一文中提出了制约民间传统武术发展的主要因素有自身因素（保守意识、迷信色彩、宗派意识、训练手段、重实战轻现代功用）和社会因素（竞技的需要、宣传推广力度、武术竞赛规则的限制），并提出了破除封建迷信、崇尚科学、走改革创新之路、走功能多元化和技术规范之路、走社区武术之路等建议。

李震在《当今武术发展的若干问题》一文中提出传统武术面临的主要问题为武术发展的文化学、武术的普及推广、武术的市场化等问题，并从不同的角度分析了这些问题出现的原因和一些解决办法以及对传统武术的展望等。

蔡金明在《传统武术传播的方式与特点》中指出，传统武术在发展过程中受家庭传播、区域传播、结社传播、寺院传播、武举制度、口传心授、耳提面命等传播方式的影响，并分析了传统武术在这些传播方式下形成的特点。

季建成、葛列丛的《宗教理论对传统武术的影响》一文认为宗教理论对武术理论的形成与完善起着重要作用，宗教不仅可以指导传统武术的修炼方法、影响习武者的修养，甚至会影响武术各派的宗规宗法。同时，宗教通过身心修习、伦理观念、技法理论、武学修养等方面促进着武术的发展。此外，该文还从另一个角度论述了宗教对传统武术发展的负面效应。

张山、温佐惠、马丽娜在《中华武术发展的回顾与展望》一文中回顾了过去提出的传统武术发展离不开政策的事实，并进一步论述了武术在普及工作、竞赛推广和科研重视等方面的诸多问题，对未来传统武术的前景进行了切合实际的展望。

马明达的《武学探真》一书指出武术发展面临的主要任务是加快理论研究，建设当代武学体系，点检、鉴别武术的技术体系和竞技体系，加快中华武术的去伪存真、去粗存精工作，并且分析了武术当前发展中出现的不和谐因素，提出了武术改革的紧迫性。

栗胜夫主编的《中国武术发展战略研究》一书提出传统武术是各类武术的母体，体现着中华武术的本质，涵盖了中华武术原有的风格特征。在第三篇"21世纪中国传统武术发展研究"中指出东西方文化差异是中国传统武术发展的现实矛盾根源、竞技武术与传统武术的对立是中国传统武术发展的内在困境、竞技武术体育发展模式使传统武术发展丧失了有利地位是传统武术发展所面临的三大主要问题。

（三）传统武术技术训练研究

周伟良在《论传统武术训练理论的历史形成》一文中提出，传统武术训练理论是伴随着中国武术的历史履痕而逐步积累形成的，在历史文化的视野中，它具有历史发展的渐进性和理论生成上的多源性两大特点。在岁月的长河中，传统武术训练理论大致经历了三个阶段：原创期、轴心期和沿承期。而它的生成途径主要为内生与外源两种，由此形成了内生型传统武术训练理论与外源型传统武术训练理论两大类别。

李远伟在《传统武术技术历史演进特点与新时期技术发展模式研究》一文中，以传统武术技术的历史演进特点为论证的切入点，认为传统武术技术的主功能为技击功能，在技术演进过程中逐渐形成技击、健身、表演（或者艺术）为价值功能，教育、娱乐、竞赛、经济为附带功能的功能构成体系；在新时期应充分考虑技术功能的多元化趋势，从功能需求角度出发重新对传统武术技术动作元素、动作方法等进行分化整合，进而对技术导向进行定位。此外，还提出新时期传统武术技术发展模式应主要以技击性传统武术、健身性传统武术、艺术表演性传统武术为主，三种模式是传统武术技术的根本出发点和落脚点，彼此互为补充，并行不悖。

周伟良在《论传统武术训练中的形神兼备与内外相合》一文中认为，传统武术训练中的形神兼备与内外相合是传统武术文化中的重要范畴，武术训练理论和手段已经历了一段很长的历史时期，并在"内外六合""明三节""统四梢""合五行"等理论上紧紧围绕武术训练手段进行了深入分析。

方平在《关于武术教学中意念训练法的探析》一文中认为随着体育科学技术的发展心理学知识不断地被运用到体育教学中，并探求了心理学在体育教学中的作用和效果。他通过对武术传统教学方法与意念训练法进行对比实验研究得出了意念训练法在武术训练中的应用，对改善教学手段、提高武术训练课教学效果很有帮助。

姜周存在《体育技能的诱导式训练法》一书的第四章武术部分，结合诱导式训练法对武术各个环节的具体训练内容，如基本功训练、套路训练、散手训练等方面，进行了详细的阐述，提出了具体要求，给出了详细的训练方法和注意事项，具有实践的指导意义。

随着武术实践领域科学化的发展，武术研究领域也在不断扩展，相信有关武术理论和实践方面的成果也会愈来愈丰富。

第二节 传统武术训练的观念及方法

训练的理念、方法及模式来源于实践，又反过来指导着实践，并对实践的结果产生影响。传统武术的训练就是在传统理念和实践经验的基础上，习练者在师傅或老师的指导下，运用各种方式、方法，以一定的模式，为增强身体素质、提高武术技艺、陶冶性情而进行的传统武术实践活动。现代武术从传统武术中来，传统武术的训练是相对于现代武术训练而言的。

一、传统武术的训练观念

传统武术的训练观念是建立在中国传统文化基础之上的，其中，受古典哲学、军事学、传统医学等影响较大。

（一）天人合一观

"天人合一"是中国哲学的基本观点之一，其追求的终极目标是宇宙、自然、人、物的和谐统一。传统武术视人体和谐为真、人际和谐为善、天人和谐为美，以和谐为价值取向的观念贯穿于传统武术的思维模式与实践规范之中。所以，传统武术的训练思想中把形神统一作为其最本质的特征，即人的心、身的内外统一，心、身的内外和谐。从表面上看，太极、形意、八卦等内家拳更注重使气、练意，具有内聚性形态。例如，太极拳讲究"以心行气""以气运身"；形意拳把"练精化气，练气化神，练神还虚"归为练功三层功夫，把"易筋，易骨，洗髓"作为三步功夫；而认为外家拳更注重外形，即形体的锻炼，具有外聚性形态。其实，在传统武术中，各家各派都非常注重形体与精神的统一，即把人作为一个整体来训练，以"外练形体、内练精气神"为训练思想。可以说，练意、练气、练力是传统武术训练的三要素，体现在技法上则表现为动静、刚柔、虚实、开合等练功意识。

（二）太极阴阳观

太极阴阳观来自中国古典哲学《易》的太极哲理。太极指派生万物的本原，"易有太极，是生两仪"，两仪即阴与阳。宋代学者周敦颐所著《太极图说》中这样解释道："无极而太极，太极动而生阳。动极而静，静而生阴。静极复动，一动一静互为其根。""无极而太极"不是说无极生太极，因为任何事物不可能无中生有，而是说在无极之中有一个昭然不昧之本体。阴阳则是宇宙演化过程的朴素描述。

太极哲理在传统武术中处处可见，被灵活地运用在各种造拳、训练及理论中。下面列表进行对比。

表 2-1 太极哲理与传统武术的技术应用对比

太极哲理	传统武术
世界总由对立的双方组成，即由阴阳组成	拳法总是由攻防动作组成，搏击总是由攻防双方组成
世界万物是一个整体，即阴阳双方共存于一体，组成为一体	攻防是组成拳法的基础因素，攻防动作存于拳法之内
世界万物，阴阳双方，是相互依存的，双方都以对方的存在为自己存在的前提	攻防相互依存，无攻何来防，无防攻亦不存在
对立事物各自内部、阴阳双方内部，都蕴含着对立面的因素或萌芽	防中亦有攻，攻中亦有防
对立事物、状态双方、阴阳两方面，都有盛有衰	防有有利时，有不利时；攻有有利时，有不利时
一方弱时另一方强，一方长时另一方消	攻防双方，一方占上风时，一方占下风
对立的事物，阴阳双方是均衡的，总体而言并不存在大小、强弱、多寡之分	总体上攻防双方或攻防两势并无大小、强弱、高下之分

太极哲理	传统武术
事物强大到极点时，自身的虚弱也就在产生了，事物弱到极点时，自身的强大也就在产生中了	一方即便占尽上风，咄咄逼人，招数使尽，可能破绽已出现了，败绩已出现了；另一方处于下风，谨慎防守，试探对手，蓄势待发，可能胜利已在向他招手，或胜利的基础已奠定

"阴阳对立统一"是中国古典哲学最基本的思想。中国古典哲学认为宇宙中的一切事物都存在着阴阳两个方面，一切事物的变化无不是相互对立的阴与阳的相互结果。较早使用阴阳思想描述技击制胜之道的是庄子，他说："且以巧斗力者，始乎阳，常卒于阴，大至多奇巧。"以后历代武术家在撰写著作中都提到过阴阳。清代以后，阴阳哲学范畴在武术理论中才逐渐深刻和系统化。一般说来，凡属器质性的、抑制性的、寒性的、虚性的、沉静的、隐晦的、无形的、向内的、向下的、均属阴；一切功能性的、兴奋的、热性的、实性的、浮动的、明显的、有形的、外来的、向上的，均属阳。以此类推，阴阳范畴就衍生出了一系列对应的概念，如动静、攻防、刚柔、虚实、开合、进退、屈伸等等，这一系列阴阳矛盾变化的原理被运用于传统武术中。王宗岳《太极拳论》开首就指出太极是以"动静之机，阴阳之母，动之则分，静之则和"的变化为基础。练太极拳的关键在于领会阴阳、动静、开合等的变化。阴阳开合是尽拳术之妙。《形意五行拳图说·形意拳两仪》中说，"肩，阳也，胯，阴也，肩与胯须相合，即阴阳相合也；手，阳也，足，阴也，手与足须相合，即阴阳相合也""拳心向下者为阴，向上者为阳"。以运动状态来划分，"出手为阳，收手为阴"（《太极拳阐宗·总论》）；从运动属性来说，"攻为阳，守为阴"（《峨眉枪法·攻守篇》）。

传统武术中还有虚实的运用，如《拳经拳法备要》中讲，"与人对敌之时，总要攻其空处""能攻其空处，则敌人无所用其力，后能百发百中，则所谓避实就虚之法"。虚指薄弱环节之所在，实指技巧力量之所在，善于格斗的人总是尽量避免对方的强点，寻其弱点而打击之。

快慢的运用如："以快制慢"是先发制人的一种手段；"拳打迅雷不及掩耳"，以快争取主动权，有效地打击对方；"顺人之势，借人之力"，顺势借力而化之，后发先至，则是以慢求快的另一种手段。

动静也是传统武术中最重要的一对阴阳范畴。拳理认为，武术攻防技击不外动静之变化，如通背拳以"摔、拍、穿、劈、攒"为五掌，"圈揽勾劫，削摩拨搌"为八法。但是，传统武术的动静观不仅注意身体表面的动静变化，还强调人的身体和心灵整体内外的动静变化。其认为，动中求静是动态平衡，外动内静，只有达到心理平衡，才能够应付千变万化的格斗形式。《太极拳论》云："只要心与意静，自然无处不轻灵。""动中寓静""静即含动，动不舍静"是许多武林门派的共同要求，这是以人的身体和心灵来体验动静变化的哲理。在技击中，"动则为攻，静则为守"，攻是为了克人取胜，防是为了保护自己，同时也是为了克敌取胜。吴殳《手臂录》中说，"攻是守之机，守是攻之策""善攻者，敌不知其所守；善守者；敌不知其所攻"，即善于进攻的人使对方不知如何进攻。可见，掌握攻守动静变化之妙，是战胜对方的要诀。

中国传统武术理论中，不论是对拳理的阐释、对技法的概括、对训练机理的概述还是对技击原则的确立，都深受阴阳学说的影响，阴阳哲理已成为其理论基本构架的一部分。

（三）循道练气观

"道"和"气"是中国古代哲学的重要范畴，是中国先民对宇宙万物的本质认识。建立在古代哲学基础之上的传统武术，也自然把道论和气论作为自己成拳思想的认识论根源。

道是老子提出的，指法则、规律，或者指宇宙万物的本原、本性。道生万物，万物归根于道，拳理亦如此。习武之道体现为技艺的最高境界，更表现为通过习武练拳而获得的一种超越生命的体验和人生价值，以及对天道自然、宇宙万物生化之理的体悟。这样，拳技不再只是好勇斗狠的手段，也不仅仅是一种健身、自卫和观赏的生存性活动，而成为一种"求道"

的手段。习练过程中，通过"术"和"艺"的实践而获得天人相合、万物归根的精神与生命的感悟。形意拳师李洛能说："形意之用，器也，技也。形意之体，道也，神也。"拳技是技艺招式，进退开合、闪展腾挪等是最基本的功夫要素，但更是心灵的体悟和展示武术之道的意境、神韵的方式。

气，在中国古代哲学中被认为是在宇宙自然之间和一切生命之间充斥着的一种至精至微、无所不在、运动变化的物质实体。气被视为武术的原力和根本，是其生命和精微所在。种种外在形态如功能、神韵、绝技等都是气的演化与体现。清苌乃周在《苌氏武技》中有"中气论""过气论""行气论""养气论"之说。《少林拳术秘诀》首篇即"气功阐微""养气之学，以道为归""练气之学，以呼吸为功"。可见，武术家们普遍从长期的直觉体验中感到了气本体的存在和存在方式。此外，传统的武术养生也总是以养气练气为主旨，即通过静心平息来存养气息，以求全身内气凝聚充盈于丹田。

（四）反者道之动

老子曰："反者道之动，弱者道之用"，认为事物总是必然地在向其反面转化，并主张贵柔、守雌、尚阴、法水，认为"柔能胜刚强"。例如，"弱之胜强，柔之胜刚。天下莫不知，莫能行""天下之至柔，驰骋天下之至坚"，认为最柔弱的东西总是最能控制坚强的事物。"反者道之动"的辩证法思想被广泛运用于武术的战略思想中，成为了武术战略的基本原则。

庄子则曰："夫为剑者，示之以虚，开之以利，后之以发，先之以至。"该思想成为了中国武术主要的方法论之一，其基本精神贯穿于多种武术技击理论之中。例如，以太极拳为代表的"内家"拳派尤其充分地运用了这一方法论。杨澄甫说太极拳"柔中寓刚，绵里藏针""如棉裹铁"。王宗岳形容其"静如山岳，动若江河。蓄劲如开弓，发劲如放箭。"李亦畲在《十三势行功心解》中解释太极拳"四两拨千斤"时亦指出关键在于能否"引进落空""舍己从人"。这些无疑都是这一思想的运用。

二、传统武术的训练方法及客观条件概述

传统武术荟萃中华先民的生存之道，汲取中国传统哲学之养分，形成

了其独具风格的一整套训练体系。

（一）单架功力是基础

传统武术的基础功力包括腿功、腰功、臂功、桩功等，各门各派虽然在训练方法和具体训练内容上有所不同，但其训练目的却是相近的，只是根据本门拳术的特点所要求的侧重点有所差别。比如，形意拳中，对初学者来说，桩功的要求就比较严格。其以三体桩功夫为主，要求入门者首先要有底盘的功力，要做到"扎步如树根"，没有一到两年的三体桩功，是不能学习拳架或器械的。而对于大多数门派来说，腿功、腰功、臂功是必须的基本功，拳谚中就有"练拳不练腿，终生冒死鬼""习武不练腰，终生艺不高""拳是两扇门，全凭脚打人""拳似流星，快如电"等等说法。

基础功力的练习过程是习武的第一步，也是最重要的阶段。拳谚有云："外练筋骨皮，内练一口气。"其中"筋"指舒筋，"骨"指撑骨，"皮"指外表的形，也就是说习武首先要舒筋、撑骨、构形。基础功力的练习首先是提高"筋力"的过程。古语云，"筋长力大""筋长一寸，力大三分"。形意拳的三步功夫之一——"易筋"，就是要求"练之以腾其膜，以长其筋"，也就是柔韧性的训练。经过筋力训练，人体各部位的韧带、肌腱的伸展性增强，关节的活动幅度加大，这些都是柔韧性提高的表现，有利于动作形体质量的改善。例如，腰功中的下腰、臂功中的压肩静耗、腿功中的控腿等等，都是柔韧性的练法，也就是"长筋"训练。所以，武谚云："宁长筋一寸，不长肉十斤。"在筋力的基础上要进行骨力的训练。人体靠骨骼支撑，而武术靠骨力结架。传统武术的骨法主张"贯其力于股肱之间"，使人体四肢躯干常处于张力状态。形意拳的斜行如螺旋状的"螺丝拳"，腕须直，拳要紧，力量要贯注到拳的最前端。出掌时，腕要塌，掌要撑，掌心既有向前的顶力，也含有向下的按力。形意拳中还有一些动作讲究两手平衡对拔，彼此呼应，两前臂内外旋转，就像拧绳一般，以此充实钻翻拧裹的骨力。因此，形意拳论曰："易骨，练之以筑其基，以壮其体，骨体坚如铁石，而形式气质威严壮如泰山。"八卦掌技法则要求"三空三扣"。三空，是手心涵空、脚心涵空、胸心涵空；三扣，是两肩要扣、手心脚心要扣、牙齿要扣。其目的就在于使人体的上下肢和身躯的肌群处于张力状态之中，运动时轻灵圆活含蓄着沉稳之力，摆扣走转时五趾踩地，步如蹚泥，飘而不浮，柔而有骨。

（二）走拳盘架是过程

一提到习武，往往给人们的第一印象就是练习武术套路。在传统武术中，也就是走拳趟、盘架子、打套子。确实，无论是古时还是当今，走拳盘架仍然是武术训练最主要的练习过程。拳架子，是不同门派武术的最基本也是最主要的区分方式。也就是说，不同的拳种，其套路的内容和风格是不同的。所以，民间习武者认为，外家拳有外家的套路，内家拳有内家的架子；少林有外家的风格，武当就是内家的特点……

拳架是由许多技击动作经过长时间的演练实践形成的不同的动作组合。这些组合再按照不同的规律或特定情形形成快慢相间、高低起伏、突出特色的套路。套路是记录武术技术载体的一种，它记录了大量攻防技击动作的精髓。具体的、分散的技击单式整合成完整统一的套路也就具有了艺术性，于是产生了武术的审美、娱乐等辅助功能。

走拳盘架的过程就是习武者身体素质全面提高的过程，也是习武者对武术攻防技击技术切身理解的过程，更是习武者陶冶心智的过程。习武者经过长时间、大运动量的拳架练习，既能够掌握一定的攻防实用技术动作或者动作组合，也能够对武术的内涵和真谛有所感悟，从而激发习武的信心。拳谚有云，"拳打千遍，身法自现""书读千卷理自现，拳练千遍法自观"。

（三）散拆短打是提高

武术最本质的特点是它的技击性。然而，大多数人看到的习武现象更多的是套路练习，或者许多的习武者将大部分时间用在了习练拳架上，于是对武术的技击性就产生了怀疑。其实，要充分体现和应用武术的技击性，拆招对练的过程是必不可少的，这就是散拆短打阶段。

散拆就是把拳架里面所包含的攻防技击动作或其衍生出的攻防技击动作进行分析实践，也可以提炼出来，进行单独的模拟实战练习，这种练习可以是单人的，也可以是多人的。例如，形意拳中的十二行单式练习、太极拳中的推手练习等。实践过程中，多数时候要靠师傅的讲解示范和引导，再加上单人、两人或多人的反复的攻防练习才能取得最佳效果。短打就是把拳架里面的攻防技击动作进行重新组合或分解，形成新的对练组合，也可以直接单独进行模拟实战的攻防练习，目的是把攻防技击招式尽快练到娴熟以至可以具体应用，形成随遇而练的实战状态。例如，推手中的乱踩花、咏春拳中的盲打等。散拆短打既练了自己也练了同伴，既是相互提高的过程，也是认识对手、提高实战经验的过程，正所谓"知己知彼，百战不殆"。

只有通过散拆和短打的过程，习武者才能真正体会武术攻防技击技术的内涵，才可以真正理解武术博大精深的魅力，它是功法和套路习练后通往更高境界的桥梁，是承上启下的枢纽，也是检验功法和套路学习的重要手段，更是提高武术意识和武术修养的必然过程。

（四）固功练意是目标

传统武术文化的博大精深不在于它是简单的技击术，而在于习武者在对武术技击有了更深理解后，会自然地把内功的提高和身心合一作为最高目标。

传统武术都是练人的精气神、筋骨皮的。筋骨皮，即所谓的外，是技击的物质基础，没有坚韧的筋骨，技击就无从谈起。然而，只有筋骨的功夫还是初级的，还要到精气神的修炼，即内在的修炼。正所谓以意导气、以气摧力，用意不用力表现为运用技法的精、准、巧、妙，达到信手拈来、自然而然、出神入化。内修绝不仅仅是用意练气，而是要最终达到心性的锤炼，做到一心不乱、气定神闲。这就要外守一个"定"字，心存一个"静"字，做到内外相合、形神天然，如此才是习武者所追求的最高境界——天人合一。然而，在民间，由于受到文化素质的制约、生活背景的限制，大多数的习武师傅们并不钻研传统武术功夫的古朴哲理，而是或有意或无意地把武术功夫意解成气功、神功，把传统内功的锻炼引向了神秘的歧途，从意到虚，以气炼仙，神秘漂渺，最终与固功练意、天人合一的高级阶段南辕北辙、背道而驰，就像武侠小说和武侠影视作品中的葵花宝典、仙风道骨、上天入地、气拔山河等。正如太极拳宗师王宗岳所说的"所谓差之毫厘,谬以千里,学者不可不祥辨焉"。

通过对武术的习练和感悟,便会自然地加深对中国传统哲学、医学、兵法、美学、养生学等的理解,并进行科学研究,从而加深和丰富武术的形式、内容及方法。在习武达到一定境界后,内外兼修,由外而窥视内的奥妙,由内达到身心合一。通过调身、调息以主静,运气于任督二脉来达到固元强身,最终到达天人合一的境界。这样就体现了传统武术"动静兼修,内外兼练""以心行气,以气运身""身心交益""天人合一"的独特风格,而这正是区别于西方体育思想的根本所在,也是武林人士对武术入奥后其发展方向的担忧之关键。

三、传统武术训练的优劣分析

(一)优秀训练理念的继承

1.兼形神、合内外的习武观

在传统武术训练中,形神兼备首先表现为对习武者生命本体的要求。越女论手战之道云:"凡手战之道,内实精神,外示安逸。"寥寥数字便揭示了关于内外、形神之间的关系和内涵。其后,随着训练理论的日趋成熟,人体的形神问题越发得到重视。清代乾隆年间的苌乃周较早地提出了"炼形合气,炼气归神,炼神还虚"的习武主张,其中在注释形与神时有言"形者,手足官骸也""神者,心之灵妙触而即发,感而随通也"。在传统武术看来,只有习武之体达到形神兼备,才能有如《内经》中所讲的"五脏坚固,血脉调和;肌肉解利,皮肤缴密;营卫之行,不失其常",才能"提挈天地,把握阴阳,呼吸精气,独立守神,肌肉若一",做到神完力足"则百体舒泰,而筋骨强健,心灵性巧,至此而利欲不能侵、荣辱不能动、威武不能曲、风雨寒暑不能蚀、一切邪魔不能入"(《少林七十二艺练法》),从而为艰苦绵长的习武之道奠定一个坚实的物质基础。需要指出的是,古代作为生命观的"神"的概念中,还包括"德"的成分。传统武术理论中所言之神,显然也包含着作为精神内容重要构成的道德成分在内,道德律令始终是一个习武者的精神坐标,也是内外双修中的一个主要内容。

2. 动迅静定、刚柔相济的技击观

动迅静定是武术运动"动""静"规律的简练概括，它深刻地反映在各种技术特点之中。拳谚中有"手捷眼快""步到身随""稳如铁塔坐如山""扣足展膝，稳如泰山""膝盖坚挺，如树生根"等，都说明传统武术中动迅静定的应用。动静讲究"动韵静势"，所以"动迅"不是一味地"快"，而是快慢对比下之下显示出来的"快"，所谓"动"也是"动中有静"之"动"。"静定"是"静中有动"，即所谓"静中寓动机"，表现出战斗的意向。可见，"动"与"静"是始终紧密联系在一起的，"动韵"不仅取决于自身快慢的韵味，还有赖于"静势"神韵的衬托。

传统武术技击中，当对手攻来时应侧身闪避，用柔化法使其刚劲走空，同时进行还击。对手进攻时势在必取，用力刚猛，此时不能以刚对刚，而应以"斜闪"柔化之，待其旧力已过，新力未生，由刚强转变为柔弱时攻击之，使自己由原来的"柔"转变为"刚"。这就是刚柔相济技击观的体现。刚柔讲究适中而不能过，作为对立统一体的两个方面，"刚能济柔之偏而不致于弱，柔能泄刚之偏而不失于强""用刚相济柔力，用柔相济刚力"，以至"看似至柔，其实至刚；看似至刚，其实至柔。刚柔互运，无端可寻"，这样的刚柔相济才是最好的中和之道。

3. 重义扬善、勤修苦练的尚武观

重义轻利从来都是武林所推崇的武德信念。在传统武术中，它包括崇高的正义和牺牲精神，还包括劫富济贫、除暴安良、扶危济弱、抑恶扬善、打抱不平等豪举。按照武德的认识价值衡量，重义轻利实质是习武者对自我与社会的双重认识，它能唤醒习武者既勇又武、刚强不屈的人格尊严，完善其披肝沥胆、万死不辞的信念，最终借武技行为去反映这种认识，追求有意义的生命价值，正所谓"正其义不谋其利，明其道不计其功"。同时，对习武者来说，历来视不讲武德者、豪门恶棍为不共戴天的仇敌，抑恶行善也因此成为各门各派门规的共同要求。

拳谚曰，"要练武不怕苦，要练功莫放松""欲学惊人艺，须下苦功夫""冬练三九，夏练三伏"，这些都集中反映了"勤修苦练"的重要性，并成为各门派所认同的、有效的约束手段。《武士须知》中说："吾辈研习武事，期在深造，必须持以恒心，刻苦练习，勿躐以求速，勿半途而辍业。"勤修苦练不仅是关乎自身品德修养的问题，也是关系到习武能否登堂入室学得武艺精髓的关键，所以在传统武术各流派中都有对勤修苦练关系的严格律己戒规。

（二）优秀训练方法的继承

1. 实用为主

冷兵器时代的武术，其实用性是第一位的。无论是在军营还是在民间，毋庸置疑，技击功能是主要的并且是核心的、显现的功能。所以，各种拳术的训练都以突出实用技击为主，如咏春拳中的木人桩练习。这种实用的训练方法和思想是我们应该继承和发扬的，它是传统武术赖以生存并且经久不衰的核心所在。

2. 固元养内是根本

传统武术融合了大量的中国传统哲学、医学、养生学、美学思想和理论。固元培根、养内强身就成了其最强大的辅助功能，如形意拳中的三体式桩功练习、少林武术中的易筋经练习等。技击要靠强健的体魄，长寿需要健康的身心，固元养内是习武的根本，也是习武者的终极目标。

（三）传统训练中的不足

1. 训练理念的不足

（1）经验化。传统武术是中国先民们在与自然的生存斗争中，经过千百年的实践，汇聚了万般经验而形成的。因而，传统武术的训练一直是经验化的训练，理论的发展始终落后于实践。

（2）迷信化。受古代科学不发达的影响，传统武术在习练过程中，当面对一些实际现象或达不到的愿望时，会自然地把神、龙、天仙等唯心的事物搬出来。这就为传统武术蒙上了一层迷信的面纱，也自然地带进了武术的训练中，如清末白莲教组织中信奉神符的存在，喝香灰、吃神符，相信真神的保佑。

（3）封闭化。几千年的农耕型社会造就了中国特有的文化类型和固有的家族制度，使传统武术技术只能在较小范围内传播，而很难向家族以外推广。例如，某些武术家受"传男不传女""传本家不传外姓"的家族本位思想影响，即便对自己的女儿也不传授技术，害怕女儿嫁人后会把技术带给外姓人。这种思想对于武术的横向推广极为不利。此外，师徒传承模式也是传统武术技术在民间发展的主要模式，这种模式的主要问题是"门户之见和宗派主义"，即个别门派总是贬低别的门派而抬高自己，搞门派吹捧，宣传个人崇拜。总之，传统武术的根在民间，这就使乡土俗文化同封闭、保守、分散的小农意识结合在一起，具体表现为门户之见、宗派主义、封建迷信、互不服气、明争暗斗、相互拆台、狭隘名利观、反对革新，甚至是腐朽没落的江湖义气。

2.训练方法的不足

（1）过分看重"气""丹"等的训练。受道家思想的影响，道教中的气、丹等唯心主义观点也就自然而然地融入到了武术习练中，静功、丹功等因此过分强调练气守意而忽视了外形的动，对于初学或功力不深厚的习武者来说显然是误导。20世纪80年代的气功热就是一个实例。有时甚至把"天""神"的保佑等虚无迷信的祈祷式动作加入习武过程中。

（2）训练中的主观行为。由于受封建意识和科学水平的束缚，在武术的继承和传习过程中，想当然的理解也就变成了正确的训练"法宝"。例如，有的流派中在进行拳、剑演练时，会在空中写画某个特定的文字或图形。

（3）轻视技术理论的训练。古代的教拳授艺方式是门内传授，师傅的言传身教中往往缺少动作技术的理论教学，更缺乏技术研究，而只重视功力、动作的训练。这种轻理论重实践的习武思想，不仅造成了武术技术的发展缓慢，也使武术技术的传承出现了断层甚者偏离。

3.训练结果的不足

（1）传统武术技击性的流失。传统武术的功能有多种，如技击功能、娱乐功能、健身功能、修养功能等。冷兵器时代，武力与战争是人们解决冲突的最有效方式，残酷的现实要求人们必须重视技击。技击作为武术的一个重要功能，在没有受到外界的冲击或者那些冲击没有使得这一功能的文化根基受到动摇的时候，往往拥有毋庸置疑的权威性。但随着社会的发展，和平的环境、优越的生活、和谐的人际关系成为社会的现实和趋势，人们对健身、娱乐的要求逐渐代替了对技击的追求。公园太极、校园武术、套路竞赛等也都渐渐忽视了技击的训练。习武者接受训练的过程和环境发生了巨大的变化，更注重套路风格和动作的规格，这就必然导致对武术技击特点的忽视，最终影响到对武术技击攻防含义的理解，甚至造成传统武术技击性的流失。

（2）传统武术成才的周期过长。太极拳谚云："十年太极不出门。"纵观古今武术之大成者，虽然都拥有非凡的功夫，但若看其习武经历，绝大多数都是经过十年、二十年甚至更长时间的勤奋练习才有所成的。正所谓"习武者成千上万，所成者一至二人"，说明许多人习武一生而终不成。难道传统武术真的要经过这么长的实践周期吗？这是一个值得我们探讨的问题。

（3）整体发展缓慢。从中国武术的发展历史来看不难发现，由于中国几千年的封建专制统治，导致近代科学上的固步自封、少有发展，从而难以用科学的态度和方法来看待和促进武术的发展。火器的盛行和冷兵器时代的消亡，加之文贵武贱的世风，使得传统武术只能在下层流传。可以说，传统武术是在自生自灭的状态下缓慢发展的，其生存环境极为艰难。在某些特定环境下，武术还"借助迷信的形式进行传播，一直鱼龙混杂、良莠不齐"。

（4）理论教育的忽略。理论来源于实践，又高于实践，最终再回到实践并指导实践。传统武术的训练显然对实践更加重视，对技术理论的研究和教育则不足，而理论的不足直接影响了武术技术的科学化和优秀技，技术的传承。

四、现代训练理论和现代体育对传统武术训练的影响

（一）运动训练学的相关理论与方法

现代科学的发展可谓日新月异，各学科都向着宏观和微观方向分化得

越来越精细。体育训练的相关理论已成为完整的体系，以科学的理论和实践经验来指导各个运动项目的训练活动。所谓运动训练学，"是为提高运动员的竞技能力和运动成绩，在教练员的指导下，专门组织的有计划的体育活动"。其研究的主要目的在于"揭示运动训练活动的普遍规律，指导各专项运动训练实践，使各专项的训练活动建立在科学的训练理论基础之上，努力提高训练的科学化水平"。运动训练学最直接的目的就是指导训练过程，使训练变得科学化、精确化且获得更高的成功率，而其价值就在于它的科学性和实用性。

1. 运动训练学科学原理的应用

（1）适应性原理。适应是指有机体内外环境不断取得平衡的过程。适应是生物活动的基本规律之一，也是通过运动训练不断提高人体竞技能力，取得优异运动成绩的生物学基础。训练适应是指由于运动训练而产生的有机体与施加负荷的外界环境不断取得"动态平衡"的过程。在运动训练中，主要是采用施加运动负荷、改变训练内容和变幻训练环境等方法，有意识地打破机体内环境的相对平衡，使之发生向较高机能水平的转化，从而获得新的更高的相对平衡。（2）运动负荷原理。负荷是指载体所承受的刺激或压力。运动负荷是指以各种身体练习为基本手段对运动员有机体施加的训练刺激。训练效应的产生必须通过对运动员施加负荷而实现。这种对运动员不断施加的运动负荷会使运动员的生理和心理发生变化，进而实现良性训练效应的积累，从而获得最佳竞技能力。没有负荷的训练，机体就会失去外来的压力和刺激，也就不会产生新的训练适应现象，竞技能力也就得不到发展和提高。因此，可以说没有负荷的训练就不能称之为训练。（3）疲劳与恢复原理。在运动训练过程中，当运动员的机体承受各种负荷后，其机能和能源物质会经过暂时下降的疲劳阶段而进入恢复或超过原有水平的"超量恢复"阶段。疲劳是训练的必然现象，也是获得最佳竞技能力和运动成绩的前提，而在超量恢复阶段进行下一次的高质量训练其效果最好。

2. 运动训练学训练原则的应用

（1）系统性训练原则。系统性训练原则是指从初期训练到获得最佳运动成绩，直到运动寿命的终结这一长期训练过程中，都应合理有序、持续不断地进行训练。（2）全面发展与专项训练相结合的原则。全面发展与专项训练相结合的原则是指在运动训练过程中应运用多种练习方法和手段全面提高运动员各器官系统的机能，全面发展其身体素质，改善其身体形态和心理品质，使其掌握有利于专项发展的各种运动技能和理论知识，为提高专项能力和创造优异成绩打下坚实的基础。（3）竞技能力均衡发展原则。竞技能力均衡发展原则是指在提高和发展运动员竞技能力总体水平的全过程中，在竞技能力与竞技能力之间、后天性竞技能力各可塑性因素之间，不同训练阶段须保持一种相对均衡的发展水平，以保证总体竞技能力水平的全面发展和提高。（4）周期性训练原则。周期性训练原则是指在整个训练过程中应遵循运动员机体生物节律变化的规律、竞技状态形成与发展的周期性规律，以及竞赛安排的周期性特点，按一定的动态节奏，循序渐进、周而复始地进行训练。（5）合理精确施加运动负荷原则。合理精确施加运动负荷原则是指在训练过程中要根据训练适应的原理、训练的目标和任务、训练对象的水平，合理精确地、逐步有节奏地加大运动负荷，直至最大限度。（6）区别对待原则。区别对待原则是指在运动训练过程中，要根据运动员的个人特点、训练水平，因人而异地确定训练目标、训练任务、训练方法，并有针对性地制定训练计划和安排训练负荷。（7）群体训练原则。群体训练原则是指在自始至终的训练过程中，训练实施者一方是以主教练为核心，以助理教练和其他专家、科学技术人员、训练辅助人员为辅，组成一个有机的科学训练集体，并运用最先进的科学理论和仪器设备，共同实施训练，以实现对训练全过程的科学化控制，从而使远动员获得最佳竞技能力和运动成绩。

3. 运动训练学训练方法的的应用

（1）模式训练法。模式训练法是指以优秀运动员竞技能力各个构成要素的模式特征为目标，以其不同训练时期竞技能力发展水平为依据，建立相应的训练模式并利用该模式来确定运动训练的不同特征，确定运动训练各组成部分的合理安排方式，同时对照模式进行定量化、精确实施训练的运动训练方法。（2）模拟训练法。模拟训练法是按照训练任务要求，针对比赛场地、器材、对手、环境、气候等外在因素的变化，提前在训练中进行模仿、演示，是运动员产生适应的一种针对性、适应性的训练。（3）高原训练法。高原训练法是指利用高原地区空气中含氧量较少的自然环境，发展有氧耐力、无氧耐力及力量耐力所采取的一种方法。（4）重复训练法。重复训练法是指在不改变动作结构和外部负荷表面数据的相对固定条件下，按照既定的完全恢复的间歇要求，在机体完全恢复的情况下进行下一练习的方法。（5）持续训练法。持续训练法是指负荷强度较低、负荷时间较长、无间歇地连续进行练习的训练方法，主要用于提高有氧代谢水平，提高运动员的一半耐力素质。（6）间歇训练法。间歇训练法是指对多次练习时的间隙时间都做出严格的规定，使机体在不完全恢复状态下反复进行练习的训练方法。它主要用于提高运动员的无氧和有氧混合代谢能力，发展速度耐力素质和专项耐力，由练习数量、练习强度、间歇时间、间歇方式和重复次数等基本要素构成。

显然，现代训练理论经过近百年的研究与丰富，现已成为了科学有效的、完整的理论体系，也成为了各体育运动项目训练的指导素材。传统武术的训练当然也能够从中汲取新鲜养分，充实到自己的训练实践中。

（二）竞技武术对中国传统武术的影响

现代武术是体育化的武术，是围绕竞赛而开展的武术运动。从少儿武术训练到武术学校，从省市体校队到各大高校武术系，以及国家队等都是以竞技套路为主的教学训练模式。因此，在人才后备、学历教育、竞赛体制、科研力量等方面，源自竞技武术的发展模式在我国武术发展中占据着绝对的优势地位。

1.现代套路竞技运动对传统武术的冲击

现代套路竞技运动项目是在传统套路的基础上，为适应体育竞赛获取最佳成绩和名次，按照竞赛规则的要求，对各种动作增加了相应的难度而形成的规定或自选套路。现在，套路运动在评判机制和竞技方向的指引下不断沿着高、难、美、新的方向发展，而忽视了武术技击性的体现，也因而失去了传统武术原有的技击本质。这样的套路运动也就与传统武术日益相悖而行了。例如，现代的武术套路中出现了侧空翻转体360度、旋风脚转体720度、外摆莲转体720度、旋子转体720度、直体后空翻等动作，这就显然是把中国现代武术变成了"中国式体操"，而把传统武术丢得越来越远。其结果是扭曲了人们对传统武术的认识，导致青少年一代对传统武术认识的肤浅甚至混淆，甚至导致整个社会对竞技武术的偏好，而给传统武术梯队人才的储备以及科学化研究道路造成了堵塞。

2. 散打运动对传统武术的冲击

散打是两人按照一定的规则，使用踢、打、摔、拿等方法制胜对方的运动项目，是中国武术走向现代竞技化的产物。相关资料和实践证明，散打运动员往往专注于学习实战技术，而很少练套路，更不用说习练传统武术了，一个级别很高的散打运动员甚至连一套初级拳术都不会。不少散打习练者的初始动机就是快速掌握防身、自卫的技术，而从习练传统套路中掌握技击技术则需要长时间的练习，这就导致越来越多的人，特别是青少年武术爱好者，往往会首选散打而非套路。此外，散打动作相对简单易学，而传统武术动作则复杂繁多，也必然造成"散打热"。

3. 太极推手竞技运动对传统武术的冲击

竞技太极推手运动是将太极拳推手竞技化而形成的一种体育项目，是在太极拳套路练习具有一定水平的基础上，两人搭手互相缠绕，遵循太极的"棚、捋、挤、按、采、列、肘、靠"八法，按竞技体育的要求和比赛规则，以比赛胜负为主要目的，进行较技、较力、斗智、斗勇的对抗项目。国家体育总局武术运动管理中心于1994年将太极推手竞技运动列为了全国武术锦标赛项目。然而，作为比赛项目的太极推手，由于评判机制和追求竞技目的的原因，也已经走上了与传统太极推手背道而驰的不归路，被人们戏称为"太极式摔跤"。这也给传统武术带来了一定的负面影响。对运动员和教练员来说，取得比赛的胜利是最终目标，而不必要花太多的力气去练习太极拳套路，只要学会开场的简单礼仪性动作就行了。因而，运动员的体能、实战等训练几乎占据了其全部的训练时间和精力，根本无从去体会传统武术的博大精深。

（三）现代体育对传统武术的影响

1. 技术层面

规范与创新：现代体育的标准化、规范化理念促使传统武术制定了统一的竞赛规则和技术标准，使传统武术动作更精准、美观。同时，为适应竞技需求，传统武术融合了现代体育的训练方法和技术元素，出现了一些新的难度动作和组合。

竞技化发展：受现代体育竞技化趋势影响，传统武术衍生出了武术套路竞赛和武术散打竞赛等项目，强调更高、更快、更强，注重技术的难度、速度和力量，推动了传统武术在竞技领域的发展。

2. 文化传播层面

国际化推广：借助现代体育的全球传播平台和推广模式，传统武术作为中国文化的代表开始走向世界。例如，国际武术联合会的成立使武术在全球范围内得到了更广泛传播，也促进了不同文化间的交流与融合。

大众认知提升：通过现代体育的媒体传播渠道，如电视、网络等，传统武术的赛事、表演等内容得以广泛传播，从而改变了大众对传统武术的认知，提高了其社会影响力，激发了大众对传统武术的兴趣和学习热情。

3. 教育层面

学校体育纳入：现代体育教育体系为传统武术提供了新的发展空间，许多学校将传统武术纳入体育课程，编写专门教材，使传统武术得以系统地传授给学生，有利于培养青少年对传统武术的认知和传承意识。

培养专业人才：现代体育院校和专业机构为传统武术培养了大量专业人才，涵盖了教学、训练、科研等多个领域，提升了传统武术的理论研究水平和实践指导能力，为传统武术的可持续发展提供了有力的人才支持。

4. 训练理念与方法层面

科学训练体系建立：现代体育科学的发展为传统武术带来了先进的训

练理念和方法，如运动解剖学、运动生理学等知识的应用，使传统武术训练更具科学性，提高了训练效果和运动员的身体素质。

多元化训练手段引入：现代体育的多元化训练手段，如力量训练器械、体能训练方法、心理训练技术等被引入传统武术训练中，丰富了传统武术的训练内容，有助于全面提升武术练习者的综合能力。

（四）国外技击术对中国武术的冲击

西方拳击、韩国跆拳道、日本柔道等，在更快、更高、更强的奥运思想的影响下，由本国传统技击术进行了适应性改革后率先进入了奥运大舞台的现代竞技项目。此外，泰国的泰拳、西方的自由搏击等则以其凶狠实用的实战技击影响着世界拳坛。这些都直接或间接地影响了中国传统武术的现代发展。

1. 技术融合方面

丰富踢法体系：中国传统武术以往的踢法相对内敛，受跆拳道等国外技击术高鞭腿、下劈等高位踢法的影响，如今许多武术流派在训练中也增加了类似的高位踢击动作，丰富了自身的踢法体系，提升了腿部攻击的多样性和立体性。

引入地面技术：巴西柔术等以地面缠斗技术著称，中国传统武术中的一些流派开始借鉴其地面控制和降服技术，如在一些传统武术的对抗训练中加入了关节锁技和绞技等内容，弥补了传统武术地面技术相对薄弱的环节。

2. 训练方法方面

体能训练科学化：国外技击术如拳击、泰拳等均有系统的体能训练方法，中国传统武术受其影响，开始注重专项体能训练，引入了如杠铃、哑铃等器械训练以及各种针对敏捷性、协调性的训练方法，以提高习武者的身体素质和运动能力。

对抗训练常态化：受西方格斗术重视实战对抗的影响，中国传统武术增加了对抗训练的比重和强度，通过模拟真实战斗场景，让习武者在对抗中提高技术应用能力和心理素质，改变了以往传统武术训练中对抗性不足的状况。

3. 文化传播方面

拓展传播思维：国外技击术如空手道、跆拳道等通过商业包装和国际化推广在全球广为传播，给中国传统武术带来了启示，使其在文化传播中更加注重品牌建设和商业化运作，开始打造具有国际影响力的武术赛事和文化活动，拓展传播渠道。

促进文化交流：随着国际间技击术交流的增多，中国传统武术与国外技击术相互借鉴、交流，不同文化背景下的技击理念和技术得以相互碰撞，使中国传统武术习武者能够以更开放的心态吸收外来文化的精华，从而丰富了传统武术的文化内涵。

4. 竞赛规则方面

借鉴竞技模式：中国武术散打在发展过程中也借鉴了拳击、泰拳等的竞赛规则和裁判法，制定了适合散打项目的竞赛体系，如采用分回合比赛、设置得分标准等，使武术散打比赛更具观赏性和竞技性。

推动规则完善：国外技击术规则的严谨性和科学性为中国传统武术竞赛规则的完善提供了参考，促使传统武术在规则制定上更加注重公平性、安全性和可操作性，从而推动了传统武术竞技化的发展。

第三节 传统武术训练的新思考

一、发展传统武术训练的新思维

（一）新形势下传统武术训练的继承与发展问题探微

通过对传统武术历史和现状的分析，我们自然会产生传统武术继承和发展问题的思考。没有发展，社会将停滞不前；丢掉传统，发展将失去根基。康戈武在《传统武术期待腾飞之日》中提出，"传统是个发展过程，是在一定的历史光阴中形成并延续的。不能在时光中延续的现象，不可能形成传统""传统是在生活于一定地域的民众中形成，并在这一地域中流传的现象。失去了传承地域及生活其上的民众，就等于失去了传统的载体""一定的传统是在一定的意识标准的反复选择中，得以长期保存流传下来的文化现象"。可见，传统的长期流传的东西必然有其得以生存的生命元素。我们的传统武术既然在历史的长河中经久不衰，就证明其拥有值得继承的优点和有待发扬的空间。

我们只要对现代武术和传统武术的优缺点进行分析并发现问题，便能为解决问题提供思路。由表 2-2 对比可知，传统武术和现代武术虽各有缺点，但都具备适应当代社会的元素。我们只有在继承的基础上进行时代的创新，为其输入时代的新鲜血液，使其具备适应新时代的活力，才能形成我们所期待的"传统武术"。

表 2-2 传统武术与现代体育化武术的对比

项目	传统武术	体育化武术
主体价值目标	以搏击为核心，集防身、健身、修身于一体	以健身为核心，以娱乐为导向

续表

项目		传统武术	体育化武术
师徒关系	伦理关系	模拟家庭血缘关系：师徒如父子	新型师生关系
	关系建立	拜师择徒，双向选择	既定师生关系
	确定仪式	择徒→递贴→拜师	没有形式
教学过程	传习方式	师傅言传身教	课堂教学
	组织形式	个人或几个人秘密授拳	集体公开授课
	习练时间	冬练三九，夏练三伏，常年习练，终生不尽之学	定点、定时、课时教学，固定学期
	场地	秘密的林中土场地，人少僻静	公开的体育馆或室外场地
习学内容	武德 伦理	忠、信、孝、勇、礼、义、廉、耻放在第一位，并融入习武全过程	没有专门对武德教育的目标、手段和要求
	武德 意志品质	专注、恒勤、磨砺筋骨	
	武德 精神	侠义精神、自强不息	
	武术技术	融演练、技击于一体，超凡卓越的功夫	武术演练技艺
文化基础		中国传统文化。乡土民俗文化同封闭、保守、分散的小农意识结合在一起，表现为：门户之见、宗派主义、封建迷信、互不服气、明争暗斗、相互拆台；狭隘名利观、反对革新；腐朽、没落的江湖义气	近代城市文化，体现民主、科学、法制思想

续表

项目	传统武术	体育化武术
理论基础	道家思想、阴阳五行学说、太极八卦理论、兵学思想、中医学、气功等	运动生理解剖学、现代医学、运动训练学、教育学、心理学等科学

　　我们需要的传统武术，既不完全是古代的旧武术，也不是现代意义上的体育化的武术，更不是单纯追求名次成绩的竞技武术。我们所要继承和弘扬的传统武术，既不能丢掉民族的文化精华，失去其固有的特色，更不能完全被西方体育所演化，成为竞技武术的追随者、崇拜者。现列表 2-3 对比如下。

表 2-3 新时期传统武术与现代竞技武术的对比

项目		新时期传统武术	现代竞技武术
主体价值目标		以技击为核心，突出健身功能，集防身、健身、修身、娱乐于一体	以竞技为核心
师徒关系	伦理关系	可以为师徒关系，也可以为师生关系	教练与队员的关系
	关系建立	拜师择徒，或者学校双向选择	新型师生之间关系
	确定仪式	择徒→拜师，考核→入学	考察→入队
教学过程	传习方式	师傅言传身教，老师课堂教学	教练针对性传授
	组织形式	个人或集体授拳	以运动队为单位训练
	习练时间	冬练三九，夏练三伏，常年习练，终生不尽之学	定点、定时、定计划、周期性训练
	场地	公园、场馆、操场	武术馆或室外训练场

续表

项目			新时期传统武术	现代竞技武术
习学内容	武德	伦理	将个人、家庭、社会的和谐放在第一位，将忠、信、孝、勇、礼、义、廉、耻等传统文化礼仪融入习武全过程	缺少专门的武德教育目标、手段和要求，进行顽强拼搏的竞赛精神教育
		意志品质	专注、恒勤、磨砺筋骨	
		精神	自强不息、不屈不挠精神	
	武术技术		融演练、技击于一体，追求内劲功力和超凡卓越的功夫	武术演练技艺和散打搏击技术
文化基础			中国传统哲学和现代科学理论	现代训练学理论
理论基础			道家思想、阴阳五行学说、八卦理论、兵学思想、中医学等中国传统文化和现代训练理论相结合	运动生理解剖学、现代医学、运动训练学、教育学、心理学等科学

由上表的对比分析，我们可以明显看到，新时期对传统武术的要求，无论是内容还是形式都发生了不小的变化。这就提供了新的信息，一方面，传统武术的传统不能丢掉，这是继承的问题；另一方面，传统武术更不能不变，这是创新问题。那么，新形势下的传统武术的训练也便成了继承和创新的问题。那么，应该怎样继承和创新呢？

（1）对传统武术技术结构进行改革。流传下来的传统武术的技术中，有的太简单，有的太冗长，有的是太过时，这些都已经与现代的生活节奏不相适应。例如，老的拳架中，有的由一百多个动作组合而成，正常速度演练有的要十几甚至几十分钟，对时间的要求较高；有的动作过于复杂，已不利于普及；有的技术动作是分开的，由单一的动作重复演练；等等。

因此，对于老的拳架我们可以考虑进行全新的去粗存精或者重新组合，以适应现代人的习练。

（2）对传统武术中不同派别、拳种进行综合性整合。传统武术的门派众多、拳种繁多，且各具特色。从近些年的竞赛或技击实践中可以看出技术单调或技法思路不开阔等问题，针对不同风格的技术方法进行有机整合以得出更加全面的技术将是一个大胆的尝试，事实上有的传统武术习练者已经有了这方面的实践，并取得了一定的成果。

（3）研究出新的训练方法和模式。新形势下的传统武术训练就是要在传统技术训练的基础上，结合现代训练科学，创新出具有时代特色的训练方法和训练模式。方法来源于实践并指导实践，传统武术的训练方法在实际实施过程中也会不断推陈出新。不同的训练环境和训练对象就会产生出相应的训练方法和训练模式。虽然方法是灵活的、机动的，训练的模式也可以是整体的，也可以是具体的，但无论哪种都应该具有指导性。

（二）新形势下发展传统武术训练的原则

物质是变化的，一成不变的物质是不存在的。既然新时期的传统武术被赋予了新的特点，我们的训练思维也理所当然需要改革、创新。通过对传统武术技术结构、实践经验以及历史环境的分析，现得出当前形势下发展传统武术训练的原则，以期待能够对我们的训练起到指导作用。

1.时代科学性原则

只有适应时代的需求，遵循科学的训练规律，传统武术才能够产生新的"流行"魅力，所以在传统武术的训练中要遵循时代科学性原则。时代科学性原则是指在一定的时间、空间、地域范围内，以当前行之有效的科学原理为指导而进行的科学合理有效的训练。按照这一原则，我们完全可以应用现代训练学的项群理论、心理训练理论，以及系统性训练原则、全面发展与专项训练相结合的原则、周期性训练原则、合理精确施加运动负荷原则、区别对待原则等来指导我们的训练。

2.灵活多样性原则

当今社会是开放型的社会，改革创新是生存的必然途径，这就对我们的训练提出了灵活性的要求。传统武术形式多种多样、各具特色,其技术风格也自然具有多样性的特点,这就要求我们在训练时要遵循灵活多样性原则。灵活多样性原则应用于传统武术训练中,意味着针对不同流派、不同技术风格的拳种,训练方式方法要多种多样、灵活多变,不能"一刀切"。

3. 文化独特性原则

传统武术是在华夏传统文化的肥沃土壤中孕育并发展的,因此也就具备了独特的东方文化特色。文化独特性原则的应用是指在传统武术的训练中,对自成体系、理论鲜明的拳种要注重其拳法特点,保持其流派的技术风格和完整性。

不同流派的拳种具有不同的训练形式,有的注重以形养内,有的强调外形,象形取义。对于不同流派风格的传统武术就要尊重其文化特色,遵循其拳理、演练、功法的训练特点,保持其原有风貌。

4. 大众健身性原则

土生土长的传统武术具有广泛的群众基础,带有质朴无华的原始风貌和浓厚的乡土气息,它在民间的发展是丰富多彩、富有活力、具有生命力的。所以,传统武术不能脱离大众,不能脱离其赖以生长的土壤。传统武术的各种功能在当代社会已悄然发生了变化,处于核心地位的技击本质虽然没有改变,但作为衍生的健身功能却日益突出,并成为传统武术从农村走入城市、从乡野迈入殿堂、从中国走上世界的主要条件之一。所以,传统武术的训练也应该遵循大众健身性原则。

坚持大众健身性原则是指在传统武术训练中始终以最广范的民众为基础,选择最有利于大众健康的方式方法,以促进民族和谐、提高群众体质作为重要的检验标准。传统武术只有具备了技击技巧和健体养身的复合功能,才会在当代甚至未来有长足的发展。

(三)新形势下传统武术训练的新模式初探

对于传统武术,我们始终致力于在继承的基础上进行部分改革、创新,目的就是使其成为更加适应大众生活需要的传统项目。根据前文的分析研究,现绘制出当前形势下传统武术训练的知识树,如下图2-1所示。

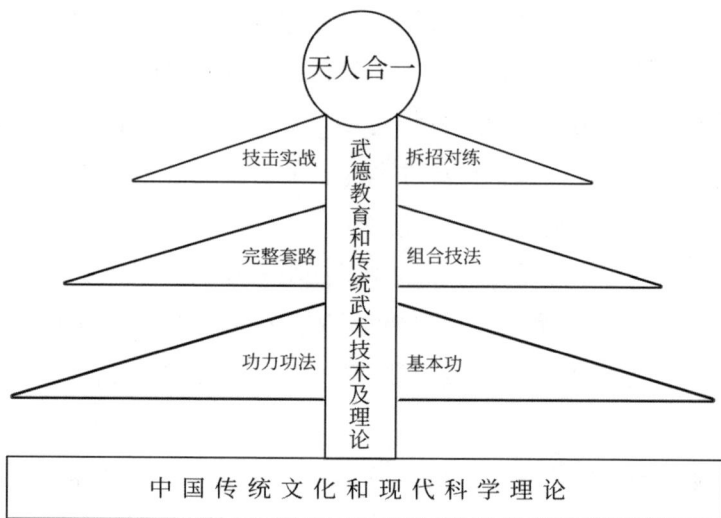

图 2-1 传统武术训练知识树

如图 2-1 所示，新时期传统武术的训练是一个综合的、发散的、独特的体系。它是在继承和发扬中国传统文化的基础上，借鉴和应用现代科学理论，以传统武术技术及理论和武德教育为主干，以增强群众体魄、提高民族素质、构建社会和谐为目的，体现技击、健身、教育等功能的实践活动，具有完整性、独特性、发散性的特点。

1. 完整性

无论是进行传统武术的竞技性训练还是普通群众的健身训练，都不能忽略其完整性，即从简单到复杂、从初级到高级的循序渐进过程。基本功法 → 完整套路 → 实战应用是它的完整的外部体现，武德教育、技术理论学习、修心养性、天人合一是它的内容实质，总体是一个完整的训练体系。

2. 独特性

传统武术训练相比于竞技体育项目的训练更具全面性和方式方法的独特性；体育化的现代武术训练更侧重于身心的合一；同时，对修心养性、陶冶性情、祛病延年、内外和谐更具独特效果，如桩功训练、调息训练等。

3. 发散性

传统武术的训练在当前形势下还表现出发散性特点。随着社会的发展，我们的生活环境和生活理念已发生了根本性变化，单纯追求武术技击功能已不可能成为人们习武的唯一目的。而且，在社会分化程度越来越高、体育项目异彩纷呈、强身健体渠道多元化的时期，人们对武术的健身娱乐目标也呈现多样化。这样，在传统武术的训练体系下，由于训练目标的不同，每一个训练环节都会有所侧重，也相应地表现出不同的训练结果。例如，基本功法阶段虽处于训练体系的最下端，但却分散出了功力项目；在追求养内修身的目标下衍生出了养生气功项目；在拆招对练阶段出现了推手项目；等等。这些都是其发散性的表现。

另外，当前形势下传统武术的训练更加注重技术理论的学习。在每一个训练环节中都要进行武德教育和各项技术原理的学习，而这正是传统的武术习练过程中所忽略或不被重视的地方。忽视武术技术原理的学习，容易导致传统武术在传承过程出现变形、断层，甚至流失、灭绝。

二、新形势下传统武术武德的教育

（一）武德教育的重要性

作为武术有机组成部分的武德本身有其自成体系的道德教义体系，具有德育功能。武德中提倡的忠、义、信、刚、毅、勇、诚的精神信念和仁、宽、恕、礼、让的行为准则，对现代中国具有极高的教育价值。"文以泽心，武以观德"，武术可以培养忠信的为人品格。习武的本意首先就在于自卫保家，当家族、民族遭遇危难之时，这种自卫保家的动机就会升华为捍卫民族尊严、维护祖国利益的国家意识。武术史上曾涌现出众多不屈不挠、以身殉国的英雄人物，谱写出可歌可泣的英雄事迹。由此，习武者也形成了爱祖国、爱民族、重大节的优良传统。各武术流派也都有"爱国主义"的文化自觉，可归纳为尊师重道、选材择师、除恶扬善、重义轻利及勤修苦练等。

武德教育的实践性特征表现为"知行合一"，它将武德所蕴含的丰富理念融入武术实践的过程中，既有形而上的"道德理念"，又有形而下的"道德戒律"，形成了自下而上的理论与实践相结合的道德体系。正因此，武德教育在解决当前社会所面临的"道法失灵""诚信缺失"等问题方面具有独特的作用。

（二）武德教育的要求

1. 要重视武礼教育

自古以来，万事德为先，武德乃习武之人的行为规范和准则，要求学武以做正大之事，不可恃艺为非，以致损行败德，甚至辱身丧命。强调武者要爱国惜民，遵纪守法，仁爱礼让，忠诚宽厚，尊师重道，尊老爱幼，弘扬正气，匡扶正义。"武夫不讲理，艺高难服众"。学武之人若空有一身武艺而无武德，也只能称为一介武夫。俗话说"短德者不得与之教，短德者不得与之学"，就是要求习武之人要有宽广的胸怀，对人要以诚相待，和谐相处，并从口德、手德、心德、公德四方面努力实践，如此方能成为德艺双馨之人。人无礼则不生，事无礼则不成。"武礼"是实现武德教育的重要途径，忽视对习武者"武礼"的要求，"武德"教育也无从谈起。特别是在习武的开始阶段，武礼是不可忽略的。武礼的教育主要包括尊师重道、尊友重义、尊弱重善等。

2. 要进行苦恒勤等意志品质教育

俗语讲"要练武莫怕苦""欲学惊人艺，须下苦功夫，深功出巧匠，苦中出真功"，说明了习武和吃苦是紧密相连的，不吃苦中苦，难得丰硕果，只有苦学苦练才能成真才，正所谓苦尽甘来。荀子云："锲而不舍，金石可镂，锲而舍之，朽木不折。"习武需要长期不懈的坚持，不可一暴十寒；要有坚韧不拔的意志，遇到困难不能退缩。功夫的长进亦非一朝一夕之功累积而成，正如"长功如春蚕抽丝，消功如流水即逝"，习武者须持之以恒，常年不懈，方能铁杵磨成针，功到自然成。因此，习武要先有"夏练三伏，冬练三九"的勤奋，才可能有武术的上乘体验和功夫的进一步升华。形意拳名家郭云深自幼嗜武如命，行走坐卧无不用功，随师洛能数十载，朝夕苦练，寒暑不易。后因除恶入狱，虽手足镣铐，仍半步练崩拳，终使其半步崩拳出神入化，登峰造极，其刻苦练功的精神和半步崩拳打天下的美名直至今日仍深深激励着后人。业精于勤而荒于嬉，只有终生为勤之人，才能攀登事业的高峰。当前社会下，树立苦恒勤的习武品质仍是必要的，也是必须的。

三、 新形势下传统武术技术训练

（一）传统武术技术训练的含义

传统武术技术训练是指在老师或师傅的指导下，为不断提高学生的自身素质和武术技艺而专门组织的传统武术技术的教育实践过程。这个教育实践过程是长期的、系统的、科学的。实践证明，习武者要获得高超的武术技艺，必须充分发展武术技术中所必需的体能、技能和心理素质，而获得这些能力和素质，要靠长期的、系统的、科学的训练来实现。因此，传统武术技术训练便成为提高习武者技术水平的主要途径和手段。

（二）传统武术技术训练的内容

武术技术的训练，主要包括基本功、功力功法、套路技术和技击技术的训练。

1. 基本功

基本功训练的目的在于培养一般或专项武术技术所需要的身体素质，为更好地掌握基本动作、提高套路演练水平和熟练实战技巧打下良好的功底。基本功的内容一般包括腿功、腰功、鼎功（主要发展手臂的力量）、桩功（也叫裆功，主要锻炼腿部力量和呼吸调节）等。武术家常说："打拳不溜腿，到老冒失鬼；练拳不活腰，终究艺不高。"又说："练功先站桩，大鼎增力量；腰要柔，腿要活，拳脚舞动赛流星；裆要站，鼎要拿，劲力稳牢托泰山。"还说："外练筋骨皮，内练一口气。"这些来自实践的拳谚，充分说明了基本功的内容和作用。此外，为了全面地提高身体素质，还须采用一些辅助练习。传统武术的辅助练习有石担、石锁、扔沙袋等，而现在普遍采用其他运动项目的某些内容和训练方法作为辅助练习，如举重的力量训练、蹲跳的腿部力量和弹跳训练、田径的跑跳项目及某些训练手段等。

腿功：包括压腿、踢腿等。压腿可增强腿部柔韧性，动作包括正压、侧压、后压等；踢腿能增强腿部力量和灵活性，动作包括正踢、侧踢、里合、外摆等。

腰功：通过前俯腰、后仰腰、涮腰等练习，增强腰部的柔韧性和灵活性，使身体在运动中能更好地发力和协调。

臂功：有压肩、绕肩、俯卧撑等训练，可增强肩部、手臂的力量和柔韧性，为拳法和掌法的运用奠定基础。

桩功：如马步桩、三体式等，要求练习者保持特定姿势，以增强腿部力量、稳定重心和调养内在气息。

拳法训练：对各种拳法如直拳、勾拳、摆拳等进行单个动作的反复练习，以掌握动作的规范和发力技巧。

腿法训练：针对每种腿法，如弹踢、蹬腿、踹腿等，进行反复练习，强调动作的标准和发力的顺畅，目的是提高腿部的攻击力量和速度。

身法训练：有闪、展、腾、挪等，通过这些动作的练习，使身体能够灵活地躲避攻击和寻找进攻机会。在进行拳法和腿法练习时，加入身法的运用，使身体的移动与手脚的动作协调一致，如在出拳时配合身体的扭转可增加拳的力量和扩大攻击范围。在实战模拟中，根据对手的攻击和移动，灵活运用身法，调整自己的位置和姿势，创造有利的攻击和防守条件。

器械训练：长器械，如枪、棍等，练习枪法的拦、拿、扎，及棍法的劈、扫、戳等基本技法，以及器械的舞动花法和套路。短器械，如刀、剑等，掌握刀法的劈、砍、撩、挂，及剑法的刺、点、撩、劈等动作，通过单练和对练，提高器械的使用技巧和实战能力。软器械，如九节鞭、流星锤等，训练其挥舞、缠绕、抛击等技法，以增强协调性和节奏感。

2.功力功法

功法是以掌握和提高武术套路和格斗技术、诱发武技所需的人体潜能为目的，围绕提高身体某一运动素质或锻炼某一特殊技能而编成的专门练习方法。功法主要包括提高肢体关节活动幅度及肌肉舒缩性能的"柔功"，锻炼意、气、劲、形完整一体的"内功"，增强肢体攻击力度和抗击能力的"硬功"，以及发展人体平衡能力和翻腾奔跑能力的"轻功"等。

功法训练的内容丰富、形式多样。各门各派都有着各具特色的功法，按照锻炼方式和锻炼效果的不同，大致可分为柔功、硬功、轻功、内功和感知功五类。

以下是传统武术柔功、硬功、轻功、内功和感知功的训练方法。

（1）柔功训练

关节活动：全身各关节依次进行顺时针、逆时针的转动，如颈部、肩部、手腕、髋关节、膝关节等，每个关节转动 10-15 圈，以活动关节，增加关节灵活性。

腰功练习：前俯腰，两手抱脚，尽量使上体贴紧双腿；甩腰，以腰为轴做前后屈和甩腰动作；涮腰，以髋关节为轴，两臂随上体做翻转绕环。

腿功练习：正压腿、侧压腿、后压腿，分别将腿放置在不同高度的物体上，上体向腿的方向振压；还有竖劈腿、横劈腿，使两腿向前后或左右两侧叉开成直线。

（2）硬功训练

抗击打训练：通过拍打身体各部位，如胸、腹、背、四肢等，从轻到重逐渐增加力度，先用手拍，再用器械如木棍等进行轻拍训练，增强身体对打击的承受能力。

排打功训练：利用沙袋、木桩等进行排打练习，用拳、掌、臂、腿等部位击打沙袋或木桩，不断增加击打力度和频率，以提高肢体的硬度和打击力量。

铁砂掌训练：准备一个装满铁砂的桶，先将手在温水中浸泡一会儿，然后用手掌插入铁砂中，进行抓、捞、按等动作，每次练习 10-15 分钟，之后再用药物泡手，促进手部的恢复和力量的增强。

（3）轻功训练

柔软性练习：进行全身的伸展运动，包括压腿、下腰、拉肩等，提高身体的柔韧性。

平衡练习：单腿站立，逐渐增加站立时间；还可在平衡木、圆木等窄小物体上行走，提高身体平衡能力。

弹跳练习：进行蛙跳、原地纵跳、多级跳等练习，逐渐增加跳跃的高度和距离。

（4）内功训练

丹田贯气法：两腿微曲站立，两脚分开与肩同宽，微成内八字，十趾抓地，意守丹田。两手紧握成拳抵住肾俞穴，晃动腰腹部，先顺时针后逆时针各晃动80-100圈。两拳变掌紧贴小腹，上下推动小腹30-40次。

吐纳练习：找空气清新处，自然站立，双脚与肩同宽，双手自然下垂。慢吸气，使空气充满腹部，再缓缓呼气，感受气息均匀吐出，重复10-15分钟。

（5）感知功训练

听劲练习：两人搭手，一方施加力量，另一方通过皮肤触觉和身体感知来感受对方力量的大小、方向、节奏等变化，并做出相应反应，不主动发力对抗，以体会和顺应对方的劲路。

实战模拟训练：在实战或模拟实战中，集中注意力，观察对手的肢体动作、眼神、呼吸等变化，预判对手的攻击意图和方向，同时感受自己身体的状态和周围环境，提高综合感知能力。

3. 套路技术

套路技术训练主要是提高套路的演练技巧，以便保质、保量地完成全套动作，不断提高技术水平，取得最佳锻炼效果，以进一步提高身体素质和机体能力，增进健康。

单练套路训练：单练套路训练一般可采用分段练习、整套练习和超套练习等形式来进行训练。

对练套路训练：对练套路训练着重培养"重打轻着"的控制能力，抓住攻防意识、进退闪躲的距离等环节。

4. 技击技术

技击技术训练主要包括短打训练、太极推手训练、短兵技术和长兵技术训练。传统技击技术训练的内容包括实战姿势训练、步法训练、进攻技术训练、防守技术训练和实战战术训练等。这里须强调的是，随着传统武术的大力开展，其竞技比赛也越来越多，就如现在中央电视台举办的《武林大会》等，便是传统武术技击走上竞技化的体现，所以，战术训练是很必要的。战术训练是根据比赛双方的具体情况为战胜对手而采取的对策和方法。传统武术的技击技术训练是一个系统且全面的过程，主要包括以下内容。

（1）踢击技术训练

基础踢法练习：针对正踢、侧踢、弹踢、蹬腿等基础踢法进行反复的空踢练习，感受发力顺序和动作轨迹。例如，在练习正踢时，要从腿部屈蹲开始，通过送髋、挺膝将腿踢直。

力量与速度训练：可通过踢沙袋、脚靶等方式，增强踢击的力量和速度。练习者须控制好节奏和距离，快速有力地踢向目标。

实战应用训练：在实战或模拟实战场景中，根据对手的站位、动作来寻找合适的时机运用踢法，如利用对手出拳的空当迅速起腿踢其腹部。

（2）打击技术训练

拳法训练：包括直拳、勾拳、摆拳等，进行单拳和组合拳练习。以直拳为例，要体会从蹬地、扭腰到送肩出拳的整体发力过程，可通过打沙袋、手靶来提高拳法的准确性和杀伤力。

掌法与指法训练：掌法有推掌、劈掌等，指法有戳指等。练习掌法时要注意手掌的硬度和发力的集中性，指法训练则要注重指力和准确性，可通过击打千层纸等方式来加以强化。

实战组合运用：结合身体的移动和身法，将拳法、掌法等打击技术进行组合运用，如先以直拳佯攻，再用摆拳重击，配合上步、闪步等动作，增加攻击的突然性和有效性。

（3）摔法技术训练

基本摔法学习：掌握抱摔、过肩摔、绊摔等基本摔法动作。例如，抱摔时要迅速靠近对手，抱住其腰部或腿部，利用身体的扭转和重心的控制将其摔倒。

摔法的时机把握：通过与陪练的对练，寻找对手重心不稳、脚步错乱或发力落空的时机，果断使用摔法。例如，当对手出拳过猛失去平衡时，可使用绊摔将其绊倒。

倒地保护训练：学习正确的倒地姿势，如侧滚翻、前滚翻等，避免在摔法对抗中受伤，提高自身的抗摔能力和自我保护意识。

（4）拿法技术训练

关节锁技：对腕关节、肘关节、肩关节等关节进行锁技训练，如腕关节锁技，要准确抓住对手的手腕，通过扭转、别压等动作控制对手。

反关节擒拿：利用反关节原理，如将对手的手臂或腿部向其关节活动的反方向用力，使其疼痛而失去反抗能力，练习时要掌握好力度和角度，避免造成伤害。

与其他技术结合：拿法常与踢、打、摔等技术结合使用，如先以踢法攻击对手腿部使其重心不稳，再迅速近身使用拿法控制对手。

（5）身法训练

闪躲与移动：通过滑步、闪步、垫步等步伐训练，使身体能够灵活地移动和闪躲，如滑步可用于快速接近或远离对手，闪步能避开对手的攻击。

身体协调与平衡：进行身法与手法、腿法的配合训练，如在出拳时配合身体的转动，增加拳的力量和攻击范围，同时保持身体的平衡，确保在攻击和防守时不会失去重心。

（6）推手技术训练

定步推掌：双脚站定，成马步或弓步等姿势，将手掌向前推出，手臂伸直，掌心向前，力达掌根。练习时要注意沉肩、坠肘，将身体重心稳固于双脚，通过送肩将力量传递至手掌。

活步推掌：结合脚步移动进行推掌练习，如上步推掌、退步推掌、侧步推掌等。移动时要保持身体的平稳和协调，脚步轻灵，推掌与脚步的移动要相互配合，使动作连贯流畅。

听劲训练：与同伴进行双人推掌练习，相互推按，通过感知对方的力量大小、方向和变化来调整自己的推劲，做到"知己知彼"，以巧劲推动对方，而非单纯依靠力量。

螺旋劲训练：在推掌时加入螺旋劲，使手掌在推出的过程中带有旋转的力量，可增加推的穿透力和稳定性，练习时注意身体的扭转和手臂的旋转要协调一致。

模拟实战场景：在模拟实战中，根据对手的动作和距离选择合适的时机和方式进行推的动作，如在对手出拳进攻时，侧身避开，同时用推掌反击其胸部或肩部。

与其他技法配合：将推与踢、打、摔、拿等其他武术技法相结合，如先以踢腿攻击对手下盘，吸引其注意力，再近身用推掌攻击其上身，形成组合攻击，增加实战中的攻击效果和变化。

四、 新形势下传统武术技术理论的学习

（一）传统武术技术理论

1. 传统武术技术理论的定义

传统武术技术理论是指在中国历史进程中形成和发展，并且至今对于广大习武者仍有着深刻影响的有关传统武术传承过程与习练方式的概念、原理及方法等方面的经验认识和观念认识的有机知识整体。

2. 传统武术技术理论学习的重要性

传统武术的技术理论是传统武术训练的重要组成部分，它对训练中的理念、方式、方法、动作构成原理、攻防要领等起到注解阐释作用，能够帮助习练者正确理解训练内容、训练要求，从而大大增强训练的效果。

然而，在习练过程中，一方面，由于技术理论环节往往不被重视，以至初学者将传统武术的训练仅仅理解成技术动作的学习、练习等，而没有在头脑中形成技术理论的概念。另一方面，从前的老拳师也轻视技术理论的研究和传授。这些都在很大程度上阻碍了传统武术内容的丰富和技术的发展。

（二）传统武术技术理论学习的内容及要求

1. 传统武术技术理论学习的内容

各武术流派中，由于各自的成拳理念不同、拳术结构不同、劲力风格不同、技击含义不同、演练要求不同，其技术理论的内容也是不同的。例如，有些相同或相似的动作，在不同流派中的名称和含义会有所差别，甚至技击手段、劲力顺序等也存在差异。

2. 传统武术技术理论学习的要求

（1）传统武术技术理论学习要遵循中国传统文化与现代科学理论相结合的原则。传统武术技术的构成是建立在中国古代哲学、阴阳理论、五行八卦学说等传统文化基础之上的，所以，学习过程中要具备传统文化意识。例如，多数拳理中都讲究起势和收势要相同、四肢运动要对称；劲力上讲究发劲前的蓄劲；动作演练上讲究反向预势；攻防上讲究引手；等等。当今社会，科学技术发展迅速，各种技术越来越精细，运动解剖学、运动生物力学、运动心理学、运动训练学等学科对当前传统武术的训练都有指导作用。因此，应结合这些理论来丰富我们的训练。例如，传统武术中有些不符合现代运动生物力学原理的动作构成就应该抛弃或改进。

（2）传统武术技术理论学习要循序渐进，不可"满堂灌式"地教学。传统武术的技术理论复杂繁多，体现在训练的各个环节中。在功力功法阶段有功法技术原理，在组合技法阶段有动作构成原理，在套路训练阶段有演练风格理论，在实战阶段有实战技巧理论等。对于这些理论的学习不可盲目求多或者集中学习，应该分布在训练的各个阶段逐一学习，循序渐进，不可急功近利。

（3）传统武术技术理论学习要成为整个传统武术训练过程的主线，体现出系统性。理论来自实践并高于实践，最终还要回到实践，指导实践。传统武术技术理论学习的过程就是理论指导实践的过程。训练过程是一个系统且分层次的时间、空间、意识活动，因而技术理论的学习应覆盖技术训练的全过程，体现出系统性。

（4）传统武术技术理论学习要与技术训练相结合，相互促进。理论与实践之间的关系是相互的，理论指导实践，反过来实践又是检验理论的标准。在传统武术的训练过程中，技术理论的学习一定要与技术训练相结合，相互促进，才能取得最佳效果，事半功倍。

（5）传统武术技术理论学习要体现灵活性、多样性。中国文化从古到今都是丰富多彩的，呈现出多样性的特点。传统武术也是这样，其门派众多、风格各异，且各具特点。因而，技术理论的学习也要灵活多样，不能"一刀切"。

五、现代训练条件对传统武术训练的影响

（一）现代场地器械条件对传统武术训练的影响

古代习武是在房前屋后或者山间林中，穿的是布衣草鞋，用的是自制简易器械，受到许多客观条件的限制。今天，我们可以在平整的草坪上、宽大的体育馆中、标准的地毯上习武，有练功服、运动鞋，用的是专业器械，训练条件十分优越。不同的训练条件肯定有不同的训练效果，这就使训练的成才周期缩短成为可能。

（二）现代测量检验条件对传统武术训练的影响

随着科学技术的飞速发展，检验测量手段也不断得以更新和精确。在传统武术训练中合理运用科学的检验测量技术来指导我们的训练，可以对传统武术中许多具有神秘色彩的功法进行科学分析，得出实验结果，制定出行之有效的训练方法，从而更好地提高我们的技术水平。例如，陈氏太极拳中抖弹劲发放原理的研究、气功中丹田气存在机理的研究等，便产生了积极的作用。

（三）现代营养医疗条件对传统武术训练的影响

现代营养条件也对传统武术的训练产生了影响。古人练武粗茶淡饭，我们习武鱼肉齐全，身体不再因营养不良而影响训练，从而消除了旧时"穷文富武"的现象。此外，营养及医疗条件的改善，使现代人的身体素质、各项生理机能也比古人提高了许多，从而也影响了训练的效果。更重要的是，发达的保健和医药条件能够帮助我们身体快速恢复，减少伤病的发生，指导我们的训练沿着健康、高效的方向进行。

以上分析说明，传统武术完全可以适应当今社会的节奏，满足现代人不同层次的需求。合理运用各种客观条件，一定会使我们的传统武术训练更科学、更快速、更高效。

第四节　传统武术技术层面的新探究

一、现代套路编排思维的局限性

自明清以来，随着武术由单一的技击动作逐渐演化成复杂的套路，各门各派风格各异的套路形式便成了习武的标志，如形意太极、八卦螳螂、少林武当、南拳北腿等，中华大地上的习武之风也因此风靡一时。其中，套路是最主要的演练和表现形式，是技击功夫的基本训练手段。新中国成立之后，特别是在"只要文斗不要武斗"的"文革"时期，套路的演练逐渐成了艺术美的展现形式，"更高更难更复杂"渐渐向"更高更快更强"靠拢，套路这种技击训练的基本形式也就慢慢失去了其技击性，转而向着艺术化的方向发展。

国家的竞技政策是指挥棒，大型运动比赛是风向标。运动员追求的是动作的高分，教练员追求的是金牌。青少年的培养成为这种艺术的演练，人们俨然把武术看成了美学。随着时间的推移，到了今天，无论是参加比赛的套路编排，还是学校中武术教学的套路编排，都是围绕"高、难、美、新"的思路进行的，这就导致了套路编排的局限性，使技击攻防的含义越来越少，离传统武术越来越远。

二、套路动作进化后的欺骗性

在武术的历史形成发展过程中，很长时期内是没有现代这么复杂的套路的，无论是军事的实战击杀还是民间功夫的演练，多是简单的攻防技击动作的组合。武术套路本是由多个具有攻防技击的动作组合而成的，为何现代的许多套路中动作的攻防技击性越来越少了呢？或者为何现代套路中的动作运动过程与实际实战中的攻防技击动作相差那么大呢？

对此，有人认为现代套路动作在越来越注重美学艺术性的发展过程中已逐渐与实战攻防背向而行。南辕却北辙，远实战而近表演矣。任何事物的演变都有其复杂的原因，武术套路的传播同样如此。一方面，旧时代，穷文而富武，武术技术是武者的立身养家之道，拳师靠其生活、武士靠其活命、宗师靠其支撑门户、兵家靠其冲锋杀敌……因此攻防技击是核心技术。这样重要的技术怎么能轻易传给他人呢？于是出现了套路传播过程中的掩示性。另一种可能是师傅受到文化修养方面的局限，在教习过程中把复杂而枯燥的攻防技击动作加以简化，于是出现了形相近而意相远的问题。例如，套路动作中右手运动过程中的左手动作、上肢运动过程中的下肢动作、向前运动过程中的后手动作……导致了现代套路动作中攻防技击层面的欺骗性。这也正是王宗岳《太极拳论》中所说的："……所谓差之毫厘谬以千里，学者不可不详辨焉！"

三、腰胯之争

拳谚云，"力起于脚，发于腰，达于四稍""命意源头在腰隙""练功不练腰，终生艺不高""腰为一身之主宰"。可见腰在武术习练过程中的关键性，而这也渐渐形成了"腰为主宰论"。所谓"腰为主宰"，即腰要有主动性，有控制能力，以腰为中心，使腰成为力的支点和力源所在，而不是肩、胸或膝等。四肢要连到腰上，拳脚皆由这里带动。上行时，腰带肩，肩带肘，肘带腕，腕带手掌达于指尖；下行时，腰带胯，胯带膝，膝带踝，踝带脚掌达于脚趾。对此，拳论中有喻腰为"车轴"的说法。

腰部指胯上肋下的部分，起着承上启下、维持身体姿势和传导重力的中枢作用。它把上体和下肢两部分紧密地结合为一个有机整体，也是比较集中地反映身法技巧的关键，对于带动和调整全身动作变化、稳定重心以及推动劲力到达肢体各部分都起着十分重要的作用。一动无有不动，只要腰部一动，全身其他部位皆相适应，形成上肢、下肢、躯干完整协调的运动。上肢运转要求转腰旋脊，以腰带臂，腰领手随；下肢运转要求以腰带胯，以胯带腿，以腿带足。因此，套路中各个拳式正确手法和步法的变换，都必须依靠腰部不停的灵活运转来完成。同时，腰还是丹田和命门等重要穴位所在地，腰部还能运丹田之气到达四体百骸，从而形成周身完整一气。

太极拳名家陈鑫云，"腰为上下体枢纽转关处，不可软，亦不可硬，折其中方得""腰是上下体之关键，腰以上气往上行，腰以下气往下行，似上下两夺之势，其实一气贯通，并行不悖""腰劲贵下去，贵坚实""腰劲磁下不可软"。腰部以下往下松垂，即松腰坠臀。腰部以上以意拔起，使腰部像弹簧一样松开拔长，表明腰脊中正，特别是腰的挺拔有利于气血的畅通和劲力的贯穿。

可见，腰是传统武术中一个最要紧的所在。腰是一身的枢纽，形成整体性运动要靠腰，"发于脚，主宰于腰，达于梢节"。

四、顶头悬的奥秘

在传统武术中，"顶头悬"是一个重要的身法要求，具有多方面的奥秘和作用，主要体现在以下几点。

1. 保持身体平衡与端正

稳定重心：头部向上顶起，仿佛有根绳子将头顶向上悬吊，能使身体重心垂直于地面，为身体在运动中保持平衡奠定基础。例如，太极拳行拳时，保持顶头悬可使身体在各种动作转换中不偏不倚、稳定站立。

端正脊柱：顶头悬能使颈椎自然伸展，带动脊柱节节舒展、挺拔竖直。正确的脊柱形态有利于身体各部位的协调运动，减少运动损伤，也能使身体姿势更具气势和美感。

2. 促进气血运行与呼吸顺畅

畅通经络：中医理论认为，头部是诸阳之会，人体多条重要经络汇聚于此。顶头悬可使头部经络舒展，促进气血在经络中顺畅运行，为身体各部位提供充足的气血营养，维持良好的身体状态。

辅助呼吸：顶头悬能帮助调整呼吸节奏和深度，使呼吸更顺畅、深沉。比如，在练习八段锦等传统武术功法时，配合顶头悬能更好地实现呼吸与动作的配合，以气助力，提升练习效果。

3. 增强精神意识与劲力传递

集中精神：顶头悬要求头部端正、颈部挺拔，有助于练习者集中注意力，排除杂念，达到精神内敛的状态。例如，在练习形意拳时，顶头悬能帮助习练者快速进入专注状态，更好地体会动作的细节和内劲的运行。

劲力传导：传统武术讲究整劲，顶头悬是实现劲力顺畅传导的关键环节。通过顶头悬，可将下肢蹬地之力经腰脊传导至手臂或身体其他攻击部位，使攻击更具威力。

五、传统武术训练要遵循科学化的思路

现代科学技术日新月异，为传统武术的训练提供了新的生命力。"传统"的并不是一成不变的，也不是封闭的、呆板的，而应该灵活自然地吸纳新鲜的营养来滋养自己。传统武术训练应该在优秀传统理念的基础上，利用现代训练学理论和先进的训练条件，开发出新的、更加有效的训练手段，走一条科学化的可持续发展之路。

（一）传统武术训练不能忽视技术理论的学习

在传统武术的训练实践中，不能只训练技术而不学习理论。要想培养出新型的既具备高超技艺又有渊博专业知识的的武术人才，就必须加强技术理论的传授。文武兼备、能"说"会练才是真人才。只有这样，我们的传统武术才能够沿着正确的方向发展。技术理论的学习应是整个训练过程的主线，从始至终，不可缺少。

（二）传统武术训练应保持多元化方向

传统武术拳种众多、内容丰富、流派林立，各种拳法风格各异且自成体系。不同门派具有不同的训练理念、训练方式、训练风格，正是传统文化宏伟博大的表现。因此，一方面，现代武术训练不能破坏其风格特点，而要保持其技术特色，这是前提。否则，传统武术将失去传统，背道而驰。另一方面，在大的训练原则、理念、方法的指导下还应区别对待，求同存异，走多元方向发展的路子。

（三）传统武术训练要重视大众健身性

新时期的传统武术应走大众健身、群众体育的方向。训练时在不脱离传统技击攻防特点的前提下，应注重其健身功能，发挥其动外而养内、内外兼修的特点。传统武术训练中，可以根据训练对象和训练目的，针对性地进行侧重健康的练习。例如，针对体弱的人群进行易筋经、八段锦、站桩功等训练；而对青年人群就要进行基本功、拳术套路、各种基础器械、对练实战等技术的系统性训练，逐步发展其速度、力量、灵敏、耐力、柔韧等综合素质，全面提高其身体健康素质；对于中年业余习练者，则应以传统套路、养气调息、散拆喂招等练习为主，注意耐力的训练，以改善人体机能为目的，起到固本强体、祛病延年的作用。

（四）传统武术训练要适应竞技的需求

当前，随着传统武术的全面开展，相应的比赛和活动也就越来越多。例如，全运会、民族运动会、锦标赛等都设立了传统武术项目，各地的演武大会、武术交流、武术节等也多以传统武术为主。然而，从各种传统武术竞赛情况中可以看到，从比赛礼仪到竞赛素质，很多习武者的表现都有不尽人意的地方，给人们业余有加而专业素养不足的感觉，如《武林大会》上很多运动员的体力问题、竞赛战术问题等。这就需要在训练中针对竞赛进行专业化训练，规范礼仪、加强基本身体训练、增加战术训练、提高技术技法的运用技巧等都是必要的。

第五节 传统武术新时期发展途径构建

一、加强传统武术技术理论研究，并与实践相结合

没有理论指导的实践是盲目的实践。新形势下必须加强传统武术的理论研究，建立传统武术的理论体系，科学指导传统武术的训练实践活动。进行理论研究离不开高水平的科研队伍和先进的科学实验环境，这就需要经济手段的支持和政策杠杆的倾斜。

（一）理论研究是传统武术发展的基石

传统武术技术理论涵盖了功法、套路、实战技法等多方面的原理阐释，承载着历史长河中先辈们在冷兵器时代为生存、卫国、竞技所沉淀的智慧结晶，如《纪效新书》中对明代武术技法与练兵实战结合的记载，就为后世揭示了彼时武术运用的场景。再比如，太极拳的"四两拨千斤"，其背后便是对杠杆原理、重心转移、惯性利用的精妙把控，通过对技法进行力学原理的剖析可以让习练者明白如何以巧劲化解蛮力。理论的先行能更好地指导正确的发力顺序、身体的姿态调整，避免错误动作习惯导致的运动损伤，为实践提供科学依据。

（二）实践反馈是传统武术发展的关键

实践是检验理论的唯一标准，也是武术理论不断进化的源泉。在日常训练中，武者应依据理论练习招式，而招式的熟练度、连贯性以及应对不同对手和环境时的有效性则只能在实践中暴露问题。比如，在武术赛事对抗中，选手即便熟知散打摔法理论，但对手灵活的移动、多变的节奏会让"抱腿摔"等技法面临困境，是距离把控不准、时机预判失误，还是发力受阻，这些问题都会在实战的瞬间得到直观反映，从而促使习武者与研究者重新审视理论细节，对起手姿势、移步节奏、把握时机等理论要点进行优化。

再如，在民间武术传承中，师传徒受的套路练习只有在诸如乡村集会"以武会友"切磋等场合，面对不同门派风格时，才能发现本门套路衔接的破绽、攻防转换的迟缓之处，而这些实践积累会逆向推动理论上的查漏补缺。

（三）二者融合发展才是王道

人才培养升级：在武术院校、俱乐部等的教学中，若结合理论进行讲解示范，学生不仅能知其然还能知其所以然，可以更好地成长为兼具深厚文化底蕴与高强实战能力的复合型人才，毕业后还能从事教练、裁判、武术文化推广等多种职业，以扎实的理论创新教学方法，如用运动生理学来阐释桩功对腿部力量、平衡感的塑造，以激发学生的训练热情。

竞技突破：在专业运动员备战赛事时，赛前可以以理论指导针对性训练规划并模拟对手战术拆解，赛中依战术理论进行灵活应变，赛后复盘借理论深挖问题。从日常训练的营养调配到赛场的心理调节，都可以结合理论全方位提升运动员的竞技表现，如武术套路比赛中凭借对编排创意理论、难度动作力学设计的融合运用来冲击高分。

文化传承活力：在文化传播层面，理论与实践的结合可以让传统武术文化更加立体。例如，在文化节庆展演中，一边讲解武术历史脉络和流派风格理论，一边呈现震撼实战和优美套路，可以吸引民众深度参与，亲身体验武术工坊，感受一招一式背后天地人和的哲学内涵，从而化解武术传承中"曲高和寡"的困境，使传统武术在当代社会生根发芽，绵延不绝。总之，传统武术技术理论与实践宛如车之两轮、鸟之双翼，二者深度融合方能驱动武术事业的蓬勃发展，使中华武术绽放出新的光芒。

二、培养足够数量的传统武术师资，提高师资的技术理论修养

年轻一代是国家的未来，未来的武术家也要出自青少年，而青少年的教育就需要高素质的师资。传统武术要持续健康发展，就必须建立一整套完整的教育教学体系，其中师资是关键，提高传统武术师资的技术水平和理论修养不仅是必须的，也是迫切的。因此，建议相关管理部门广泛组织高校和民间的交流互补，把理论研究的成果及时充实到各级各类武术教育者中去，加强民间师资的理论培训。

（一）足够数量的传统武术师资是传统武术传承的基础

传统武术作为中华民族优秀传统文化的瑰宝，其传承与发展离不开人的推动，而师资队伍就是这一传承链条上的关键一环。拥有足够数量的传统武术师资，意味着武术的火种能够在更广泛的地域、更多样化的群体中得以传播。

在学校教育层面，充足的师资可以确保武术课程在中小学、高校的稳定开设，让不同年龄段的学生有机会接触、学习武术，从小培养对传统武术的热爱，为武术的普及奠定坚实基础。以校园武术操的推广为例，若每个学校都能配备足够的专业武术教师，就能精准、规范地教导学生，激发群体的运动活力，而不只是流于形式。

在社会层面，众多武术培训机构、民间武馆的蓬勃兴起，大量专业师资的不断涌现是满足民众习武需求的保障。无论是青少年渴望强身健体、培养自律品质，还是上班族期望缓解压力、学习防身技能，专业教师都能够因材施教，引导他们入门并深入探索武术世界，促进武术在全民健身领域的发光发热，拓展武术生存发展的空间。

（二）提升师资的技术理论修养是传统武术进步的阶梯

教学实践优化：高水准的技术理论修养能直接提升武术教师的教学质量。只有精通技术细节，教师示范动作才能标准、流畅，如讲解太极拳"掤、捋、挤、按"时，自身动作若能行云流水，学生便能迅速捕捉动作要领；只有深谙力学原理，将发力时的重心转移、旋转加速转化为易懂的教学语言，才能助力学生掌握精髓，少走弯路。理论知识丰富，还能让教师根据学生身体素质、学习进度差异，灵活设计个性化教学方案，兼顾初学者夯实基础与进阶者技能拓展的需求。

文化传承升华：传统武术承载着深厚的中国传统文化内涵，从阴阳五行学说影响武术攻防理念到家国情怀贯穿武术精神脉络。修养深厚的教师能在教学中将武术招式与文化底蕴进行有机融合，如通过讲述少林武术历史渊源来激发学生的民族自豪感，通过阐释形意拳三体式蕴含的天地人哲学来启迪学生智慧，使武术传承超越技艺层面，上升为文化滋养，从而培养有文化根基的武术爱好者，让武术文化代代相传。

行业发展助推：优秀的师资队伍凭借精湛技术与深厚理论，能够参与武术教材编写、课程标准制定，引领武术教育走向规范化、科学化。在学术研究领域，他们的实践洞察结合理论探索，可推动武术技术的创新和训练方法的改进，为竞技武术突破瓶颈、传统武术适应现代社会提供动力。在对外交流方面，专业教师以扎实素养展示中国武术魅力，可以促进国际武术文化的交流互鉴，从而提升武术的国际影响力，拓展武术的全球发展空间。

（三）培养与提升路径探索

专业院校深造：鼓励武术教师报考体育院校武术专业或相关学术研究方向的研究生，系统学习武术专项技术、运动训练学、武术史、武术文化等课程，借助高校学术资源、专家指导来夯实理论根基，精进技术水平，参与科研项目，积累研究经验，实现从实践型向理论与实践并重的复合型人才的转变。

培训体系完善：构建多层次、常态化的武术师资培训网络，定期组织地方、国家层面的培训活动。培训内容应兼顾经典传统武术套路、实战技法提升，以及武术教学法、教育心理学的运用，还可以邀请业界资深大师、教育专家授课，采用集中培训、线上学习、实地观摩相结合的模式，及时更新教师知识体系，强化实践技能，并通过考核、跟踪反馈来确保培训实效。

行业交流协作：搭建武术师资交流平台，举办全国性、国际性武术教师论坛、研讨会、教学技能大赛等活动，促进教师分享教学心得、切磋技艺、探讨前沿理论，推动武术协会、俱乐部、学校之间师资的流动互访，共享优质教学资源，多元碰撞融合，在交流合作中持续提升师资队伍的整体素养，为传统武术的繁荣发展注入源源不断的动力。

所以，培养足量且高素质的传统武术师资队伍是传统武术在当代传承、创新、发展的必由之路，须各方协同发力，筑牢武术发展的人才根基。

三、促进学校、民间、国际间的交流，不断推陈出新，丰富传统武术的内容

丰富而独具特色的传统武术给现代人带来了不同文化层次的享受，而开放的环境则给传统武术创造了多方位交流的平台。当前环境下，学校、民间、国际上都有不同需求的习武群体，且拥有各自的习武优势条件。这就要求我们要加强全方位的合作交流，优势互补，使传统武术不断推陈出新，创新出更适合现代人需求的武术内容及训练模式。旧的传统武术，有的动作繁多，有的技术内容过于陈旧，我们应该在传统理论和现代科学的基础上对其加以改造和整合，推出具有时代特色的传统武术。

（一）学校：孕育创新的摇篮

学校是传统武术传承与发展的重要阵地，汇聚着年轻且富有创造力的群体。在课程设置方面，可以将武术纳入体育必修课或选修课，让不同年级、专业的学生广泛接触武术，为交流融合提供人员基数。校内武术社团、兴趣小组中的学生拥有不同背景、思维活跃，在日常训练与交流中常常可以碰撞出新的火花。例如，某高校武术社团结合流行音乐与街舞元素对传统武术套路进行了重新编排，使表演形式更加动感时尚，既保留了武术基本动作的精髓，又增加了时尚元素，从而吸引了大量同学的驻足观看，激发了同龄人对武术的兴趣，这一创新实践不仅在校内获得迅速推广，还启发了其他学校武术爱好者的大胆革新。

同时，学校拥有专业的体育教师、科研力量，他们能从教育理论、运动生理学等多学科角度为武术创新提供知识支撑。教师不仅可以指导学生依据自身身体条件优化武术训练方法，探索如何利用校园场地设施设计武术拓展游戏，让武术学习变得趣味盎然，还能引导学生挖掘武术文化内涵，与语文、历史等学科知识相融合，丰富武术故事创作、文化解读等内容，为传统武术注入青春活力。

（二）民间：传承创新的深厚土壤

民间武术扎根于地域文化，流派众多，风格迥异，蕴含着无尽的智慧。各地民间武馆、拳社作为习武交流的中心，可以让不同年龄、职业的武术爱好者汇聚一堂，传承着原汁原味的传统武术技艺。老一辈武术师傅们掌握着精湛的古法技艺，一招一式尽显先辈遗风，年轻一代带着新观念、新技术融入其中，可以形成互补。例如，在南方某城市的咏春拳馆里，年轻学员借助互联网新媒体，将咏春实战技法拆解拍成短视频进行分享，引发了网络热议，吸引了外地爱好者前来交流切磋；同时，他们还引入现代搏击训练辅助器材，如速度球、反应靶等，对咏春训练方法进行改良创新，提高了训练效率，推动了古老拳种的与时俱进。

民间武术赛事、民俗活动更是创新的催化剂。在《武林大会》式的民间赛事中，参赛者为荣誉而战，不同门派相互较量，从实战对抗中发现传统武术技法的优劣，赛后共同探讨改进策略，衍生出新的战术组合、防守技巧；乡村庙会、赶集时的武术表演，艺人们为吸引观众，将杂技、魔术元素融入武术，创造出独特的视觉盛宴，拓展了武术表现形式，这些创新成果又通过民间口口相传、网络传播，反过来反哺武术发展。

（三）国际：拓展创新的广阔天地

随着全球化进程的加速，传统武术已迈出国门，屡屡在国际舞台上大放异彩，使国际交流成为武术创新发展的新引擎。国际武术赛事，如世界武术锦标赛，吸引了各国顶尖高手，使不同肤色、文化背景的运动员汇聚一堂，带来了多元的搏击理念与训练体系。中国选手在与国外选手的对抗、交流中，学习到了西方拳击精准高效的发力方式、跆拳道灵活多变的腿法战术，将其融入中国传统武术散打、套路训练中，拓宽了技术边界。国外运动员对中国武术文化的独特理解，如日本武术爱好者将空手道礼仪与中国武术抱拳礼相融合，则创造出了新型的武术交流礼仪，为武术文化内涵增色添彩。

随着国际武术文化推广、学术交流的频繁开展，中国武术专家开始频频赴海外讲学，传授武术技艺的同时汲取国外体育教育和健身理念。在欧美国家，中国武术专家结合当地健身需求，将太极拳与普拉提相融合，创编出了适合上班族缓解压力、调养身心的太极普拉提课程，深受欢迎；外国学者则通过研究中国武术哲学，提出用生态美学解读武术套路的美学价值，为国内武术理论研究提供了新视角。国内外的双向互动推动了传统武术在内容、形式、理论多维度的创新，使传统武术以不断全新面貌走向世界。

（四）整合联动：开启创新新纪元

学校、民间、国际交流并非孤立，而是相互关联、协同发力的。学校可与民间合作，邀请民间武术大师进校讲学、传授绝技，同时让学生利用所学知识为民间武馆的数字化管理、新媒体宣传助力；学校还可与国际接轨，选派优秀学生参加国际交流项目，引入国际武术教材、课程资源，优化校内教学；民间组织可借助学校科研力量来挖掘整理武术古籍、创编新式套路，依托国际赛事、活动展示民间武术风采；国际交流成果可通过学校教育普及、民间传承扩散，回流到武术发展的各个环节。三方联动，可以持续推陈出新，不断丰富传统武术的内涵与外延，使其永葆生机，在新时代续写辉煌篇章。

四、全方位开展传统武术的教学与训练，重视武德教育

（一）全方位教学与训练：夯实武术根基

1. 多元课程体系构建

在学校教育场景中，应设立从基础武术技能到进阶专项训练的多层次课程。小学阶段可开设趣味武术入门课，以武术操、简单拳脚套路为载体，结合游戏化教学，如"武术接力赛""招式拼图"，激发孩子对武术的初步兴趣，并培养其协调性与纪律性；中学可拓展长拳、器械类选修课程，配合武术历史、文化讲座，让学生了解武术流派渊源，深化认知；高校则可打造专业武术主修方向，涵盖竞技散打、传统套路创编、武术养生等细分领域，满足不同志向学生的需求，还可运用运动解剖学、训练学原理来优化教学，助力专业提升。

2. 分层训练模式推进

传统武术训练应针对不同年龄、不同水平的群体设计差异化训练方案。儿童习武注重柔韧性、反应力的开发，应采用轻器械辅助、动画示范的柔性训练法；青少年进阶训练强调力量、速度的增长，借助对抗练习、负重训练强化身体素质，应该依体能分阶提升难度；成人业余爱好者多聚焦于减压健身、防身自卫，应定制个性化"武术＋健身"的计划，融入搏击操、应急防卫术等；专业运动员则主要围绕赛事备战，应以实战模拟、高原训

练等前沿方法打磨技艺，从技术、战术、体能、心理全方位进行雕琢。

3. 多场景教学拓展

传统武术训练应突破传统场馆局限，利用户外公园、社区广场等开展"武术进社区"公益教学，传播健身理念；学校应组织武术研学旅行，走进武术发源地、博物馆，让学生亲身体验武术文化底蕴；线上平台可开设直播课、慕课，汇聚武术名家资源，供全球爱好者随时随地学习，实现武术教学的无边界化。

（二）武德教育：铸就武术灵魂

1. 塑造品德内核

武德首重"仁"，即教育习武之人怀揣仁爱之心，在日常训练中友善互助，不恃强凌弱，竞赛场上尊重对手，点到为止，避免恶意伤害；"义"字当先，指教导武术者坚守正义，传承武术匡扶正义的传统，面对不公挺身而出，路见不平敢"拔刀相助"（以合法、智慧的方式）；"礼"贯穿始终，从抱拳行礼的仪式感培养尊师重道、谦逊待人的作风，从赛场礼仪、日常交往中遵循武术规范来彰显武者风度。

2. 传承精神纽带

武德承载着坚韧不拔的精神，当训练艰苦、比赛失利时，习练者须凭借毅力咬牙坚持，愈挫愈勇，如无数武术先辈在乱世刻苦习武、保家卫国那样；将武术发展与民族复兴相联结，如讲述抗日战争时期武术壮士杀敌报国的故事，激发爱国热忱，使习武成为报效祖国、服务社会的途径，进而传承家国情怀；专业运动员须专注训练、钻研技术，业余爱好者须持之以恒、精益求精，无论何者，都可培养各自的敬业精神。

3. 延伸社会规范

武德教育可使习武群体以高标准来自律，在公共场合言行得体，避免不良行为；可使他们在化解矛盾冲突时，运用武术智慧与涵养，平和沟通、协商解决，而非冲动行事，从而成为社会和谐稳定的维护者。

五、研究制定出更加合理有效的评价机制，规范裁判员队伍

现代武术已经走上了演练和搏击两个发展方向，且越走越远，这与现在的评判机制不无关系。如果传统武术的竞赛依然运用现在的竞赛规则进行评判，那么，将来传统武术必然走上现代武术的路子，甚至会面目全非。这就要对当前传统武术的评价机制加大研究力度，全面深入考察论证，早日制定出合理有效的竞赛规则，建立高素质的裁判员队伍，确保我们的传统武术沿着正确的道路健康发展。

（一）构建科学评价机制是传统武术发展的基本保障

1. 多维度考核

传统武术评价应摒弃单一的动作完成度考量标准，而纳入多元考核标准。在技术层面，除精准评判动作的规范、力度、节奏外，对于传统武术特有的精气神表现，如太极拳的沉稳内敛、长拳的刚健有力，应制定量化标准，通过观察眼神、气息运用、肢体的张弛来打分，确保武术的文化韵味得以呈现。在战术运用上，针对散打、推手等对抗性项目，应评价选手的策略选择、时机把握、应变能力，看其是否能根据对手特点来灵活施展攻防技巧，像拳击手般巧妙周旋或如太极高手般以柔克刚。体能维度同样关键，应参考现代体育测评方法，监测运动员的耐力、爆发力、柔韧性指标，衡量其是否具备持续高强度比赛或表演的身体素质，以保障武术呈现的质量与完整性。

2. 过程性与终结性相结合

传统武术评价应摒弃仅聚焦比赛、考核终场结果的模式，融入过程性评价。在武术训练阶段，教练应定期记录学员的技术提升速率、克服困难的毅力表现、对新知识（如武术理论、新套路）的掌握进度等，为最终评价提供动态依据，激励学员持续成长而非临时抱佛脚。对于长期从事武术传承的民间艺人、教师，过程性评价应关注其日常教学反馈、传承创新作为，如开发新的武术课程、培养后继人才的数量和质量等，再结合赛事执裁、表演展示等终结性成果，全面评定其贡献，使评价更贴合武术传承发展的长期特性。

3. 文化传承附加分

鉴于传统武术的深厚文化内涵，还应设立文化传承专项加分，以评判武术从业者在传播武术历史、哲学、礼仪知识等方面的作为。例如，武术教练在课堂上讲述门派故事、阐释阴阳五行与武术攻防关系，武术运动员在国际交流中展示抱拳礼、讲解中国武术精神，都是对传统武术文化的弘扬，在评级、考核中应额外加分，以此引导行业重视文化内核传承，避免武术沦为空洞的"花架子"。

（二）规范裁判员队伍是公正裁决的关键

1. 专业资质认证升级

规范裁判员队伍，应建立严谨分层的裁判员资质认证体系。首先，从基础地方赛事裁判起步，要求掌握基本武术规则、常见技术动作评判标准，通过理论笔试、现场实操考核获取认证；其次，进阶省级、国家级赛事裁判须精通多流派技术特点、复杂对抗规则，深入学习武术竞赛裁判法修订历程、前沿案例，并经过专业培训、实习考核、专家评审层层筛选；再次，国际赛事裁判更要熟悉全球武术文化差异，融合国际体育裁判惯例，具备流利的外语沟通能力，确保在世界舞台上精准执裁；最后，依级别匹配赛事，保障裁决权威性。

2. 定期培训与考核更新

规范裁判员队伍，还须制定常态化裁判员培训计划，定期组织集中学习研讨，内容应涵盖新套路规范解读、新兴武术项目规则制定、裁判职业道德强化。在培训中，邀请武术大师剖析技术难点、实战专家复盘经典判罚案例，让裁判紧跟武术发展的步伐，避免知识老化。同时，配套严格考核机制，通过模拟比赛执裁、理论问答、应急情况处理的测试，淘汰不合格者，激励合格者持续学习，保证队伍专业素养的动态提升。

3. 完善监督与申诉机制

规范裁判员队伍，还应搭建多元监督平台，利用现场摄像监控、观众举报热线、运动员赛后反馈等方式，全方位审视裁判行为，对疑似误判、偏袒等情况及时予以核查。同时，建立公开透明的申诉机制，给予参赛方合理时间、正规渠道进行申诉，组织专家复查、听证，一旦属实应依规惩处裁判，纠正错判，维护赛事的公正公平，重塑裁判公信力，为传统武术竞赛环境"拨乱反正"。

第六节　传统武术的核心技术与精神

一、传统武术的技击核心

武术作为一项独具中华特色的传统体育项目，千百年来，渊远流长，繁生不灭。究其根本原因，在于它始终是作为一种技击术而存在和发展的，其本质特征就是攻防技击性。传统武术的技击核心包括踢、打、摔、拿、推。"踢"指运用腿部力量对对手进行攻击的技术动作，是传统武术中远距离攻击的重要手段；"打"主要是利用拳、掌、肘等部位对对手进行攻击的技法，涵盖了中近距离的攻击方式；"摔"是通过各种技巧和力量，破坏对手的重心平衡，将其摔倒在地的技术，是传统武术中控制对手、占据优势的关键技法；"拿"是运用各种手法和关节技术，对对手的关节、肌肉等进行控制和反制，使其疼痛或失去反抗能力；"推"主要是运用手掌或手臂的力量，对对手进行推搡、挤压等动作，以破坏对手的平衡、阻碍其进攻或使其身体失去稳定。以上动作在实践中的运用还要依靠基本的实施技巧。

当前研究武术技击的规律，丰富武术理论，对提高我们的运动训练水平、教育教学水平及健身效果都具有科学的指导作用。最短距离、最快速度、最佳时机、最好方法、最有效结果，这"五最诀"，是技击技术的五大法宝，也是技击理论的精华所在。

（一）最短距离

武术技击中的距离是指攻击目标位置与进攻发起者位置之间的相对距离。由于技击动作的完成是在运动中进行的，因而这个距离是不断变化的，是相对而言的。这里所说的最短距离，一方面是指进攻技术中进攻者与进攻目标间的最短距离，另一方面还包括防守技术中有利于实施防守反击的防守者与进攻者之间的最短距离。例如，螳螂拳中的"三采手"动作——右手采、左手按、右手紧跟冲拳，实施防守反击，便是选择了最短距离。所以，在实战中，要根据自己的需要正确判断己方与对方之间的距离，并尽快占据有利位置，利用最快的移动速度和灵敏性在最短距离内击中对方。

这里必须要掌握轴轮定律、圈里原理和近道原理。轴轮定律，指在技击实战中己方始终运行在圆的圆心位置上，而对方一直在圆外运行，像是车轮中的轴和轮的关系，我占据轴心，敌在轮上，这样就达到了我始终走的是最短的距离，而对方要走我数倍的距离。圈里原理和近道原理内容相似，都是要求己方的运行路线须是圈内或最近的路线。在实战中，要想应用最短的距离必须平时加强相关的练习，可以两人模拟攻防，一人以相同进攻动作进攻，另一人则反复进行最短距离的反击练习，练习中应特别注意加强步法练习，如滑步、躲闪步、跳步、垫步等。

技击过程中，最短距离的运用必须与速度、时机、方法等相结合，才能达到最佳效果，最短距离有时要靠移动速度来创造，有时要靠抓住有利时机来创造，有时也需要依靠灵活巧妙的方法来产生。例如，有时一步即达就不要两步；有时举手而得就不要转动全身；当出现最短距离时，就要利用最快速度，选择最好的方法，抓住时机，一触即发，当仁不让。时机往往稍纵即逝，胜负往往立刻分明。

（二）最快速度

速度是运动物体在某一方向上单位时间内所通过的距离。这里所说的速度是指人体快速运动的能力。最快的速度就是指为了产生最好的效果，当得机得势时，应在最短的时间内发挥人的最大潜能来击中目标。在技击中，决定我们速度快慢的主要因素有反应速度、动作速度和位移速度。

反应速度指从出现刺激到做出应答反应的时间。实战中表现为：根据对手情况的变化而变化，迅速改变动作的方向、路线、速度、方法等。反应速度要求在竞争激烈、瞬息万变的技击中做出快速的反应。古拳谚中有"眼观六路，耳听八方"的说法，而太极推手中采用的"听劲""虚领项劲"等都是锻炼身体各部位敏感性的有效手段。王宗岳《太极拳论》中也有"一羽不能加，蝇虫不能落"的说法，即对太极拳高级阶段达到的敏感反应的形象表述。在武术训练中，我们要注意这方面的机能练习，如利用突然发出的不同信号，让练习者做出相应反应的训练，或迅速移动目标使练习者在目标变化中做出相应的反应等。

动作速度是指快速完成动作的能力。它与力量、协调、耐力、技术等因素有关，除了与信息在反射弧各个环节中的传导速度快慢有关外，主要取决于神经系统对肌肉的指挥能力，这种指挥能力越强，引起肌肉收缩完成的动作速度就越快。其中包括拳法、腿法攻出收回的快慢，步法前进后退的移动，身法中闪、展、腾、挪的运动等等。形意拳经云，"发拳如闪电""身手足去快，打倒还嫌慢"，《太极拳论》中有"动急则急应，动缓则缓随"的论述。那么，如何加快动作速度呢？现举以下几种训练动作速度的方法以供参照：其一，以最快的速度反复进行某一动作的练习；其二，利用声响、手势发出指令，练习者按节奏快慢做各种手法和腿法动作，或者进行种种转身、上步、退步、交叉步等步法练习；其三，加速跑练习，包括短距离转身跑、急停加速跑、变换方向加速跑等。

位移速度指的是快速通过某段距离的能力。它是我们基本身体素质中的基本内容之一，是每一位体育爱好者包括武术爱好者必须具备的基本素质，也是我们平时训练过程中练习最多的能力之一。位移速度是其他速度能力的基础，如长拳十二形中就有"走如风，立如松"的说法，"打拳容易，行步难"也描述了武术运动中位移速度的重要性。在技击中，步伐的快速移动不仅可以避开对手的攻击，还可以找到良好的进攻机会，相反，位移速度太慢就会贻误战机，甚至使自己处于被动和挨打的局面。

可见，在技击实战中，各种速度的快慢往往是决定胜负的关键因素。实际技击中，在处于最佳时机时，就应找到最短的距离，利用最好的方法，以最快速度出击。有效的速度是在最短距离内的速度，是最佳时机时的速度，是最好方法中的速度。无效果的速度，再快也是枉废气力。

（三）最佳时机

在武术技击中，为了取得胜利或控制住对方而能够实施进攻或防守反击的最有利的机会，我们称之为最佳时机。这个时机的最佳性是以得势得利为前提的，这个时机可以是进攻的时机，也可以是防守的时机，进攻是为了取胜，防守是为实施反击做准备。古人云："机不可失，失不再来。"实战中，要求在双方动作的运动变化中捕捉战机，并且一定要判断准确。这种实战中捕捉最佳时机的能力，一方面取决于对双方实力的了解，如《孙子兵法》所言"知己知彼，百战不殆"，或如王宗岳《太极拳论》中的"人不知我，我独知人"的论断；另一方面取决于对技击规律的经验判断。这种经验判断是经过多次实战的磨练而总结出来的。例如：实战中，对方在用腿踢打前必定会出现两腿和上肢之间的重心转移变化，这个变化有时虽很隐蔽或微小，然而是一定有的。优秀的拳手就善于总结这些微小预兆的特点和规律，在实战中抓住战机从而达到"敌一动，我不动；敌若动，我先动"的高级境界；再一方面，最佳时机还要靠自己来创造，还如《太极拳论》所谓"不偏不倚，忽隐忽现"，意思是在实战中，要虚虚实实，真真假假，用虚招来刺探对方，并创造出最佳的出手时机。

实战中的最佳时机一般有以下几种情形：其一，对方重心位置变化时有左右、前后、上下的重心移动。其二，对方有出击预兆时表现为对称肌肉的牵动引起的外部肢体相应部位的变化。其三，对方明显后退时表现为步法向左右或向后移动。其四，对方出击最大力完成开始回收时是己方防守反击的最佳之时。其五，对手对我假动作判断失误时，古时称"喂招"或"入道"。其六，对方精神不集中时，如周围环境变化吸引对方眼神或对方由于体力不支而出现反应迟钝。对于以上六种情形，需要提醒的是，在实际交手时一定要根据场上实情，分清虚实真假机会，谨防对手设计圈套，避免因判断错误而入了人家的道，而受制于敌。这就要求拳手通过平时刻苦的练习，总结经验，磨练出敏锐的战机捕捉能力。

最佳时机往往是在距离、速度、方法的运动变化中出现的。当得机得势之时就要把握战机，在最短时间内用最好的方法发招制敌，取得最有效的结果。

（四）最好方法

技击方法不是唯一的，最好的方法是指在实战过程中为得到最佳的击打或防守效果而使用的方法，通常包括进攻方法、防守方法和防守反击方法。实战中，要能使用出最好的方法，取决于三点：其一，技击方法的掌握数量。显然，在同等技术实力下，谁的方法多，谁就能占据主动地位。其二，所掌握技术方法的熟练程度。俗语云"熟能生巧"，《太极拳论》亦云"由着熟而渐悟懂劲，由懂劲而阶及神明"。著名形意拳大师郭云深有"半步崩拳打天下"的美誉，可以想象其对崩拳技术所掌握的熟练程度之高。其三，临场经验。丰富的实战经验往往是能够充分发挥技术水平并取得技击胜利的关键。因为各种技击技术和技击战术的应用并不是固定不变的，技击实战具有很强的临场应变性和随机性。这就要求拳手能够适时地根据对手的情况、实战形势的变化及周围环境不同，对自己的技击战术进行调整。这种临场应变的能力须建立在身体素质、技术水平、心理素质等基本素质的综合运用之上，如王宗岳《打手歌》所说："任他巨力来打我，牵动四两拨千斤。"可要想运用"四两拨千斤"，就必须具有娴熟的技巧和丰富的实战经验。

在技击中若想选择最好的方法，须做到以下两点：其一，必须虚心学习和钻研各种技击方法，并刻苦练习逐渐达到"熟中生巧"的境界；其二，平时要注意技击经验的积累与总结。《太极拳论》云："懂劲后，愈练愈精，默识揣摩，渐至从心所欲。"《少林拳术秘诀》中说："趋避须眼快，左右见机行。趋从避中取，突自虚处生。山重身难压，隙开进莫停。势猛君休惧，四两拨千斤。"所以，在实战中最好方法的利用，"是非用力之久，不能豁然贯通的"。

（五）最有效结果

最有效的结果，简言之，就是达到了自己预期的目的。这里主要指技击中打击力的最佳作用效果。《拳经》曰"双手软拳举步进移，手来粘比体用力，采粘吞吐莫迟疑"，便是总结了发劲方法、掌握时机以及劲力的打击效果。《十三势新功新解》云"发劲必须沉着、松静，得机得势，四两拨千斤"，讲的是发劲时机得当、攻击到位恰当、力量用得巧妙、作用效果好。那么，怎样才能取得最好的作用效果呢？《太极拳论》告诉我们要"左重则左虚，右重则右杳。仰之则弥高，俯之则弥深，进之则愈长，退之则愈促"，《打手歌》中说"引进落空合即出，沾连粘随不丢顶"，形意拳经亦云"但上如风响，起落似箭钻"。可见，只有在结果前期，于距离、速度、时机、方法上用心用力，才会出现后来的得势得利，所谓水到渠成。这些都是依靠平时扎实的基本功、艰辛的练习、反复的总结而得来的。

综上，最短距离、最快速度、最佳时机、最好方法、最有效结果是一个有机的结合体。它们有着辩证统一的关系，缺一不可。其中，距离是速度的保证，时机是方法的实施点，方法要靠速度和时机来完成；而距离、速度、时机、方法是结果的前提和基础，结果是距离、速度、时机、方法的目的和归宿。我们要认真研究，抓住规律，丰富经验，用科学的理论来指导我们的训练、教学和健身，以期取得事半功倍的效果。

二、树立武术人格，练好传统武术

习武之人，把学武练武当成人生一大乐趣，且受益终身。其间，德、酷、苦、恒、勤、巧、精、纯八字要诀极为重要，具体来讲，就是要以德为先、以酷为爱、以苦为乐、以恒为志、以勤为奋、以巧为循、以精为求、以纯为极。这八字要诀不仅言简意赅，而且始终贯穿着中华民族优秀思想文化的精髓，它从习武要求、训练方法等方面对习武应遵循的客观规律和必备的品质进行了高度概括和总结。

（一）德（以德为先）

早在中国古代就有"六艺"教育，即"礼、乐、射、御、书、数"，六艺中的"礼"有不少与习武相结合的内容；武士在较武中形成的一种公平竞争、崇敬强者、崇尚伦理道德、以武艺高低来决定社会地位的竞争意识，这种意识可谓武德的雏形。武德一词可追溯到先秦，据《左传·宣公十二年》记载："武有七德，劲暴、戢兵、保大、定功、安民、和众、丰财也。"司马迁在《史记》中写道，"非信廉仁勇，不能传兵论剑，与道同符；内可以治身，外可以应变，君子比德焉"，认为具有良好的道德品质是"传兵论剑"的先决条件。而传统文化中也多以"尊师重道、孝悌正义、扶危济贫、除暴安良"等作为武德信条。

自古以来，万事德为先，武德乃习武之人的行为规范和准则，要求学武要做正大之事，不可恃艺为非，以致损行败德，甚至辱身丧命，强调武者要爱国惜民，遵纪守法，仁爱礼让，忠诚宽厚，尊师重道，尊老爱幼，弘扬正气，匡扶正义。

理字不多重，万人抬不动；武夫不讲理，艺高难服众。学武之人若其空有一身武艺而无武德，也只能称为一介武夫。俗称"短德者不得与之教，短德者不得与之学"，这就要求习武之人要有宽广的胸怀，对人要以诚相待，并时时处处按照武德的要求努力实践，方能成为德艺双馨之人。

（二）酷（以酷为爱）

所谓酷，就是个体以特定的事物、活动及人为对象，所产生的积极的和带有倾向性、选择性的态度和情绪。它是人们抱着一种浓厚的发自内心的兴趣对事物给予优先注意和积极的探索，并表现出心驰神往的快感，不是仅关注事物的表面，而是在获得这方面的知识或参于这种活动时使人得到情绪上的满足。由对事物的酷爱所产生的兴趣，往往与愉悦的情感体验紧密相连，这种愉悦的精神情感则能使习武者在训练时忘记疲劳和痛苦，在无比的欢乐与兴奋状态下发挥出自己最大的潜能。中华武术博大精深、内容丰富，非一日之功而成，须常年累月，穷毕生精力，方可成大器，故务以酷为爱，孜孜以求，永不懈怠，否则不足以使我们坚持日复一日、常年不懈地练功，从古至今，大凡有所成就的武学宗师都是出于对武术的酷爱来习练的。一个人一旦对武术达到了酷爱的程度，便耐得住常年的困苦和寂寞，时刻想着武术，琢磨动作的一招一势，领悟拳理及招势用法，甘愿付出毕生精力以达到自己的理想目标。

（三）苦（以苦为乐）

苦，原意是指像胆汁或黄连的味道，与甘相对。俗语讲："要练武莫怕苦。"此谚语说明了习武和吃苦是紧密相连的，不吃苦中苦，难得丰硕果，所谓苦尽甘来。习武中，吃苦主要表现在毅力上。习武者对自身不断进行再锻炼、再塑造的过程，是一个长年累月挥汗如雨的刻苦训练过程，也是承受着常人难以承受的磨练与考验的过程，因此要凭借坚强的毅力，要挥洒辛勤的汗水，才能完成这一过程。

习武之人必须有坚强的毅力和自信。武术比其他运动项目的运动周期要长，因而相对枯燥，基本功的反复、高难动作的危险、长期训练的疲劳、自身肌体的损伤等等，都很容易打消人的积极性，这就要求习武者要知难而进，苦中取乐。"咬定青山不放松"，一心只为得真功。练功贵在坚持，不能间断。古人云"欲学惊人艺，须下苦功夫，深功出巧匠，苦中出真功"，只有苦学苦练才能成真才。武术大师杨露禅少年家境贫寒，为学得正宗太极拳，常年在陈家沟做苦力，劳作之余偷学陈氏太极拳且刻苦练习，后得到陈长兴的赏识并继承之真传，再经毕生习研，苦心孤诣，终成一派宗师。可见，习武之人要想达到高的境界，欲求真功湛艺，就必须要有吃苦耐劳、以苦为乐的精神。

（四）恒（以恒为志）

人无志事不成，习武之人也要有持之以恒的志向，不能半途而废。恒，是永久、持久之意。一个人有没有造诣，就要看他有没有恒心。就像法国作家乔治·桑的小说《贺拉斯》中刻画的人物一样：出身平民的贺拉斯，追求享乐、好高骛远、夸夸其谈、不求上进。他虽然说了许多的豪言壮语，甚至在梦中都追求丰功伟绩，可一旦动手实践，总是在困难面前一筹莫展，遇到挫折就垂头丧气、一蹶不振，最后落得虚度年华，成为人们的笑柄。事实证明，只有把想和做结合起来，脚踏实地，坚持不懈，方能获得成功。荀子云"锲而不舍，金石可镂；锲而舍之，朽木不折"，讲的就是这个道理。

（五）勤（以勤为奋）

勤，指尽力多做或不断地做，与懒或惰相对。不懈的努力即为勤奋。成功源自百分之一的天才加上百分之九十九的勤奋，勤奋是千百年来人们成才的法宝，也是中华民族的传统美德。一位哲人这样说过：世界上能登上金字塔的生物有两种，一种是鹰，一种是蜗牛。不论天资奇佳的鹰，还是资质平庸的蜗牛,能登上塔尖,极目眺望,俯视万里,都离不开两个字——勤奋。习武之人的进取和成才,其环境、机遇、天赋、学识等因素固然重要,但更重要的是自身的勤奋和努力。缺少勤奋的精神,哪怕是天资奇佳的雄鹰也只能空振羽翅望塔兴叹;有了勤奋的精神,哪怕是行动迟缓的蜗牛也能雄踞塔顶,观千山暮雷,渺万里层云。习武亦是如此。拳谚道"笨鸟先飞早出林,笨人勤练武艺精,勤能补拙是良训,一分辛苦一分才",勤奋是习武成功的关键。

好高骛远,一暴十寒,虚张声势,懒惰成性,终究成不了英雄好汉,也永远达不到一览众山小的境界。成功永远偏向那些勤奋的人。追古忆今,没有哪一位人杰圣贤的功成名就之路不是用勤奋筑成的。

（六）巧（以巧为循）

读书要想,种地要耪,练拳要巧。巧,原指心思灵敏、手口等灵巧。习武中的巧是说要找窍门、寻规律。自然界的事物都有其自身发展的规律,万物都有其规律可循。练拳习武虽是身体运动,也有其规律可循。无论是练习过程还是技击过程,都应该讲科学、寻规律、多思考、勤动脑,不能只是死记套路盲目练习,而是要活学、巧练。管子曰"思之思之,鬼神通之",意思是时刻思考所学的东西,处处体现一个巧字,以巧作为习武所遵循的原则。尽管武术博大精深、内容丰富多彩、招式变化多端,但只要把握习武的规律并找到习武的技巧方法,就会少走弯路,做到科学训练。拳谚讲"顺其力而破之为巧,逆其力而破之为拙",强调了"巧"字在技击中的作用。

习武者要以巧为循,但并非投机取巧,而是运用巧法、巧劲,以巧制敌。因此,巧是精通变化之源、御敌袭击之速、变化莫测之奇、以弱胜强之效、化险为夷之法的技击法宝。达到了巧的境界,在技击上便能"牵动四两拨千斤",以巧破力,借势打势,借力打力,顺手而牵羊。这样,既节省了自己的体力又能取得最佳的效果,一举多得。在练功上,只有在苦练、勤练的基础上,加上巧练,才能事半功倍,学而有成。要用巧就要多动脑,孔子云"学而不思则殆",习武者只要时刻想着武术,琢磨动作的一招一势,领悟拳理及招式用法,思考架势的变化,灵活巧用,举一反三,就必然有所成有所得。正所谓"拳是人编功是练，勤学巧练出英贤"。巧，也是中华武术千百年来不断发展壮大的源泉。正是一代代武林志士的活学巧练、推陈出新，才有了现在的百花齐放、博大精深。

（七）精（以精为求）

精是指精通、精湛，也就是对武术的拳理技术有透彻的了解和熟练的掌握。世上任何事物都没有绝对的好，精益求精可使人们不懈追求和进取。武术博大精深的文化和技击理论吸纳了众多有志之士为之好学，不断超越自己，以精为求，不断进取。俗话讲"不求千招会，只求一招精"，艺不在多在于精，习武要有悟性，要善于思考、善于钻研，把学到的拳理和技法融会贯通，使功夫不断精湛、深化。艺无止境，技无尽头，要活到老学到老练到老，只有不断进取，精益求精，才能最终达纯。

（八）纯（以纯为极）

纯是纯一不杂，炉火纯青。功到炉火纯青乃习武之人的终极目标，凡达此境者，其艺而阶及神明之境也。拳谚道"拳无拳，意无意，无拳无意是真意"，是说功夫达到下意识的攻防，心中一念，手脚即出，动作快如闪电，本能地做出准确而迅速的判断和反应，伴随而来的是举手投足均能收到良好的技击效果，这便是无拳无意，是习武者追求的真意。然而，无意绝非真正的无意识，有意识到动作之间的信息传递快到几乎使意识与动作同时发生，恰恰是意识敏捷的反应。无拳也绝非真正无拳，而是不拘泥于拳法，使身体随着念在高度规范化、程序化的形式中取得高度自由，达到随心所欲、出神入化、相敌之情形而行之。拳理曰："拳打三不知。"拳打不止，是说发拳要迅雷不及掩耳。三不知，即我不知、你不知、他也不知。这是说应对之捷、出招之快，自己尚不及想，对方尚不及应，观者尚不及清，对手便已倒下，这可以说是对"无拳无意"的具体写照，也是习武之人达到高层次的具体表现。法有万端，理存于一，军无常势，水无常形，但万变不离其宗；不论内家外家，不管武当少林，还是南拳北腿，最终讲究的都是内外兼修、形神兼备，以意导气、以气催力，做到随意而发，体现浑身都是手、处处可打人的神明境界。

武德高尚、武风正派、武礼谦和、武艺精湛是当代武术人才的规格标准，也是习武者一生的追求，要想达到此标准，需要对以上"八字诀"进行深刻的领悟和体验，努力做到以德为先、以酷为爱、以苦为乐、以恒为志、以勤为奋、以巧为循、以精为求、以纯为极。学海无涯苦作舟，功深艺高勤为径；人杰志远恒在心，圣贤大成巧是源。习武之人就应该善于博采众家之长、取长补短、精益求精、不断进取，方能掌握精湛技艺，成为文武兼备之人。

第二章

新时代传统武术新解

第一节 传统武术的形成概述

一、传统武术的历史形成概述

中华武术是中华民族缔造的一颗辉煌灿烂的文化明珠，凡是受过其洗礼的人，无不惊叹于它的源远流长和博大精深。在历史的进程中，中华武术不断自我调适，兼容并蓄，最终形成了一个集技击之大成、蕴哲理之奥妙的文化体系。但和人类其他文明成果一样，中华武术有过光明璀璨的盛世，也曾度过阴暗空荡的黑夜，它从历史的深处一路走来，几经压迫，几经禁止，不但没有夭折、泯灭，相反却以顽强的生命不断向前。

远古时期，人类生存的需要促使了武术技击的萌芽，部落之间的利益冲突使武术与战争的关系日益紧密。春秋战国时期，战争纷乱，大大促进了社会尚武之风及军事武艺的发展。统一后的秦，其统治者为了政权的稳定而收缴天下兵器，全民禁武，"以弱黔首之民"。隋唐时期，武举制的创立开始了以武入仕之先河，为习武者开辟了一扇进身之门，极大地调动了民间习武的积极性，社会尚武习武之风逐渐兴盛。明朝时，西疆的战乱和中南沿海的抗倭活动，进一步促使了官府对武术的重视。清朝以武起家，入主中原，自诩"以弧矢定天下"，格外重视对士兵武术技艺的训练。而以规复大明河山为志的"反清复明"人士则卧薪尝胆，以习武练功为纽带组织民间各种秘密的反清教会，不断积蓄力量，壮大组织。因此，明清时期，无论是在军队还是在民间，武术都得到了长足的发展，成为传统武术发展史上最为繁荣的时期。

鸦片战争打破了中国封闭数百年的国门，极大地冲击了中国人固步自封的保守心理。火气在军事中的广泛运用使武术技击对战争的作用开始减弱，政府对军队的武术重视程度随之弱化，武术的功能重点也就开始发生偏移。因此，对武术技击的阐释由战场的应用逐渐转向哲学理论的描述和民间防身自卫的实践，如以太极学说立论的太极拳、以八卦学说立论的八卦掌、以五行立论的形意拳等相继崛起，并在民间长期流传下来。

中国近代的战争使武术的军阵格杀功能黯然失色而被迫退出了军事战争的舞台。武术的功能重心进一步偏移，逐渐向强身健体、修身养性等方向发展。吴图南曾说："其意义，除包括拳术器械之外，当以修身养性为唯一之目的。至于养成勇敢奋斗团结御侮之精神、培养雄伟侠烈之风气、发扬民族固有之技能、创造新中华民族，皆自修身养性之中相演而生。"这是对当时传统武术之功能的最有力的阐释。

辛亥革命以后，五四新文化运动高举"科学"和"民主"的大旗，倡导西洋文化，由此引发了中西文化大论战。在此过程中，传统体育与西方体育进行了顽强的抗争，被称为"土洋体育"之争。其结果是代表中国传统体育的武术从形式到内容、从理论到实践，以及它的功能和社会地位，都发生了巨大的变化。以传统武术社团为主的武术活动逐渐被国术馆、武术社团、武术学校等新型的武术组织所取代；全国性的有组织的武术学习、训练和竞赛活动取代了相对分散的练武活动，并逐渐成为武术活动的主要形式；传统的武术运动形式受西方体操的影响，出现了'新武术'、新编套路、太极操一类新的武术运动形式；传统武术的宗教色彩和社会认同的意义逐渐消失，作为实用搏斗技能的意义相对削弱，而武术的教育、健身、娱乐等方面的意义则逐渐扩大和增强；在坚持用传统哲学来阐释武术的同时，用现代教育理论等新的体育科学观点来认识、研究武术的倾向越来越强烈。这就使植根于传统农耕生活的传统武术逐渐转化为适应现代城市生活的体育化的现代武术。

新中国成立后，武术作为一种文化形式，其发展方向和价值定位与当时的政治思潮紧密相连。1952年，毛泽东在中华体育总会第二次代表大会上写下了"发展体育运动，增强人民体质"的题词，为中国的体育指明了方向。1954年，张轸在《关于整理和开展武术运动的几个问题》的报告中，从五个方面阐述了新中国武术服务的对象和目的是增强人民体质，让"人民喜爱"。1957年，蔡龙云在《新体育》第2期发表《我对武术的看法》一文，认为武术自有它的"击""舞"两重性，现在的时代需要扬舞抑击，由此引发了一场关于武术根本性质的争论。吴高明、徐哲东、马辉等著名人士纷纷发表相反观点，认为武术不但要"舞"还要"武"，在当时背景下被定为"唯技击论"而遭到批判，武术也渐渐走向了"唯套路论"的体育化发展之路。特别是在"文化大革命""左"的思想对武术运动的冲击下，部分传统拳种的优秀技击方法逐渐流失，不少老武术家及专家学者遭受打击，大量有价值的拳谱资料被毁掉，一些武术器械被收缴或损坏，传统武术遭遇空前的浩劫，几乎陷入濒危的境地。1972年以后，武术才开始恢复，但以攻防技击为主要特色的传统武术仍处于濒临失传的境地。

1978年，党的十一届三中全会确立了"解放思想，实事求是"的指导方针及"改革开放"的国家政策，武术也步入了兴盛发展时期。1982年11月，国家体委在北京召开第一次全国武术工作会议，会议总结了建国以来武术工作的经验与教训，制定了新时期武术发展的各种政策和任务，并正式提出了武术技击的问题，指出技击尚处在实验阶段，要逐步积累经验，对待技击的开展要取谨慎稳妥的态度。随后，各种武术组织、武术比赛、武术交流等活动也愈来愈多，有利地推动了武术的竞技化。这一时期，竞技武术在国家的宏观政策下取得了空前的发展，其竞赛体系、后备梯队逐渐成型。相比之下，传统武术的发展却备受忽略而处于"无可奈何花落去"的境地。

从以上阐述中我们可以明显看出，武术价值功能的实现始终与其相对应的具体历史语境中的政治、军事、文化发展状况相适应，不同的社会历史阶段对武术的不同影响决定着武术自身的命运和价值定位的实现。因此，作为一种结果，传统武术从明清时期的繁荣到现在所面临的困境是不以人的意志为转移的，有其历史的必然性。而当前形势下，传统武术逐渐被人们所重视，也与当今社会大的历史背景相关，我们应该抓住机遇，多渠道、全方位地对传统武术进行研究、提纯、创新。

第二节 基于传统武术现状的思考

一、传统武术的发展概况

武术在我国拥有悠久的历史，是一项极具群众基础的民族文化遗产，是祖先在社会实践中不断积累、丰富起来的宝贵财富。从先秦时期人与兽斗的武术萌芽，历经春秋战国的尚武风气、隋唐五代的武举选拔、宋代套路演练的普及、元代武艺武戏的融合，直至明末清初武术流派的百花齐放，武术的发展脉络清晰可见。其间，师者不仅传授技艺，更解疑释惑、传承道理。进入民国，武术禁令解除，拳技得以蓬勃发展。新中国成立后，武术被列为民族优秀文化加以弘扬。历经"文化大革命"的冲击与后来的拨乱反正，武术从单一的表演比赛逐渐发展为攻防兼备的散打击技，涵盖了勇猛刚健的长拳短打、轻柔绵长的太极功法，及跌打摔拿的精妙技法与养生秘诀等，深刻展现了中华武术作为中华文明千年结晶的独特魅力。

随着改革开放的深化，武术逐步走向世界，迄今为止，世界武术联合会已拥有 142 个成员国。武术产业化和商品化进程也不断加快，但仍滞后于商品经济的快速发展，因此仍须加大武术产业化的力度，展现其卓越价值，同时要重视文化遗产保护的重要性，防止武术的"异化"。以太极拳为例，在韩国釜山亚运会上，中国太极高手不敌新加坡新秀就反映出了训练深度与理论理解的不足。太极拳在近两百年的传承中不断丰富着武术文化内涵，尤其是武禹襄创立的武派太极拳，融合儒、兵、医、养、诗、技、书等多领域智慧，形成了《十三势行功要解》等系列拳论，实现了太极拳的理论化与系统化。其后继者亦贡献颇丰，最终使太极拳从民间拳种跃升为完整的武术文化体系。

新中国成立后，武术作为民族文化遗产得到传承，其中，太极拳成为研究与推广的重点，不断结合时代需求，服务于社会主义经济建设与人民健康。例如，国家体委推出了简化太极拳，不仅在学校开设课程，也被医疗部门应用于临床且效果显著。在党和政府的倡导下，太极拳社团、辅导站遍地开花，社会各界广泛参与，太极拳成为身心锻炼、情操陶冶的首选。然而，过度强调健身表演，不仅忽视了太极拳技艺的传承与研究，导致"形似神不似"现象蔓延，特技濒临失传，还为虚假宣传提供了温床。书乱出、拳乱教等问题频发，显现出武术文化衰落的征兆。若不引起高度重视，尤其是国家武术管理部门的重视，武术将失去民族特色，成为无根之木。因此，笔者欲以微薄之见，呼吁各界共同珍视与保护武术文化。

二、基于武术现状的若干建议

（一）强化武术文化的教育普及

武术不仅是技艺的展现，更是中华多元文化在不同历史时期相交融与再创造的结晶，它集儒家、书法、道家、佛教、学术、医学、饮食、技艺、艺术、商业、仕途等领域的精髓于一身，远非单纯套路演练的"武术行家"所能比拟。

1. 完善武术文化教育机制

当前，武术队伍偏重套路演练而忽视武术文化教育，过度追求技巧难度而忽略技法背后的辩证法，重视形式规范而忽视思维训练，专注于武术本身而忽视其他学科知识的影响。因此，构建武术文化教育机构，设立武术文化素质教职及提升教练文化素养成为当务之急。

2. 提升辅导站教育质量

各武术辅导站应定期举办培训，提升教练与学员的武术文化素质，确保群众性演练的规范化。

（二）规范武术教学与训练

随着商品经济的发展，武术文化的商业化趋势日益显著。然而，商品市场中的劣质产品现象同样侵蚀着武术领域，一些人为了追求利益而投机取巧，甚至传播封建迷信，严重损害了武术文化的纯洁性。

1. 严格武术教练资质审核

对以盈利为目的的武术教练进行全面考核，特别是对于其理论素养与跨学科综合能力，应参照全国歌手大赛模式予以考核，以确保其能够真正"授业、解惑、传道"。一个合格的教练不仅要有技艺，更须有深厚的文化底蕴，方能不负师道尊严。

2. 建立权威管理队伍

由各地武术协会组织权威人士成立执法队伍，定期检查练功点，严厉打击无证教练并指定合格教练，以保障武术爱好者的权益。

3. 举办规范性传习活动

邀请中华武术各流派正宗传人传授武术理论与实践，确保学员明理、得法、知技、用术，以确保武术文化的纯正与有序传承。

4. 净化武术协会组织

武术协会在组织活动中发挥了积极作用，但近来一些协会成员选拔标准过于宽松，特别是副主席职位过多，不仅削弱了协会的权威性，还可能由此引发一系列负面效应。因此，应严格选拔标准，名誉职务与实职分开，以确保武术事业的健康发展。

（三）推动传统武术的国际化进程

中华武术的发展应基于民族传统，面向国际化，而武术国际化最重要的标志便是进入奥林匹克运动会。中华武术以其独特的哲学、美学、心理学、中医学等内涵而成为体育与文化的完美结合，截至目前，已有某些项目如长拳类、拳械等已成功纳入亚运会，证明了武术国际化的可行性。未来须在总结经验的基础上进一步优化竞赛内容，加大武术国际化的力度。

第三节 从武术比赛看传统武术的回归

武术是以中国传统文化为理论基础，以技击为主要内容，以套路和搏斗为主要运动形式，内外兼修、术道并重的中国传统体育项目。在源远流长的发展过程中，武术参传统哲理之奥妙，摄养生之精髓，集技击之大成，形成了众多门派、较为系统的技击体系和庞大的理论体系，在华夏百花园中乃至世界大舞台上焕发出神奇的魅力，在健身强国、除暴安良、抵御外辱等方面发挥了独特的作用，留下了一个个传奇的故事。可以说，武术代表着中华民族自强不息、不畏强暴、维护和平的民族精神。

一、武术的本质和功能

武术起源于劳动。原始人类为了生存，在捕猎的过程中逐渐摸索出一些行之有效的与野兽搏斗的方法，他们对此加以总结和传授，形成了最初的简单的武术雏形。随着社会的发展和战争的出现，武术得到了快速的发展，并经过历代的总结和完善而形成了以攻防为核心内容和本质特征的技击术。火器的出现使武术在战争中的作用有所减弱，而其他如健身养生、表演娱乐等功能逐渐显现。但是，武术功能的增减并不意味着武术本质的变化。例如，虽然武术也能强身健体，但决不等同于打球、跑步；虽然武术具有表演的功能，但并不是舞蹈和体操；虽然武术具有娱乐功能，但它也决不是戏曲文艺。武术的本质特征和主要功能仍然是技击，技击是武术的灵魂，失去了技击功能也就预示着武术的消亡。

二、武术套路的发展

最初的武术是用来临阵对敌的，关乎生死，因此技击和实用是第一位的。后来逐渐出现了套路形式，从明代开始，武术套路正式出现。程宗猷在《单刀法选》中便曾提道："以前刀法，着着皆是临敌实用，苟不以成路刀势演习精熟，则持刀应用、进退、跳跃、环转之法不尽，犹恐临敌掣肘，故列成路刀法一图……以便演习者观览。"他的著作中还详细绘有刀、棍等套路演练步法线路图，是迄今所见的最早的武术套路图谱。套路运动是中国武术的一种特有的表现形式，是对技击动作和方法的高度概括和总结。不少动作在技术规格、运动幅度等方面相较于技击的原形动作有所变化，但是仍保留了技击的特性。虽然因连接贯串及演练技巧上的需要而穿插了一些不一定具有攻防技击意义的动作，但就整套技术而言主要的动作仍然是以踢、打、摔、拿、击、刺诸法为主，这些始终是套路的技术核心。

武术套路是武术的精华，在武术的继承和传播方面起到了重要作用。因此，在很长一段时间内，中国的武术运动是以套路形式展现在竞技舞台上的。然而，随着社会的发展，武术技击价值相对减弱，人们的武术价值观发生了改变，以动作规格为主要评分标准的竞技比赛杠杆使武术转为以功架练习为手段，以技击实用为主旨的目标追求发生了倾斜。竞技武术体现的仅仅是一种对周围环境的精神征服，也就是说是对观赏者而言的一种审美效应，武术运动的重点也逐步由实战攻防转向了健身、竞技、表演和娱乐等方面。在"高、难、美、新"的发展要求下，竞技套路一直在不断增加难度、提高动作的规格，运动员比的已不是武术技击能力的高低，而是谁跳得高、谁转的圈多、谁做的动作更加美观、谁的动作更有创新等，在演练过程中所体现出来的所谓"技击意识"因此也带有浓厚的主观性、表演性，与真正的技击意识只能是貌合神离。在套路的训练方法上，竞技武术由于以争分夺牌为出发点和终极目标，相比传统的讲究格杀实用并注重多种练功方法的传统训练方法已发生变异，显得更加单一。武术套路变成了节奏分明的艺术体操，有的动作、身法甚至已完全背离了武术的技击本质而变得面目全非。在这种发展背景下，中国武术历来所追求的主体目标和本质特征正在渐渐淡化，传统武术正在离我们而去，武术的精华也将濒临消亡。

不可否认，套路在武术的传承中确实起到了积极的作用，历代传承下来的不少朴实而使用的经典套路对武功训练和强身健体起到了重要作用。

然而，在竞技表演主导下，套路的片面、畸形发展所带来的是武术繁荣泡沫背后传统武术的没落。传统武术在经历了清末民国初年最后的繁荣之后已逐渐淡出了人们的生活，杨露蝉、董海川、孙禄堂、杜新伍、尚云祥等一个个响亮的名字及其传奇般的故事已成为人们永远的回忆。如今，中华瑰宝武术剩下的只是些面目皆非的花拳秀腿。

三、散打运动的发展

散打也叫散手，古时称相搏、手搏、技击等，通俗地讲，就是两人徒手面对面地打斗。散打作为中国武术的一种主要表现形式，以踢、打、摔、拿四大技法为主要进攻手段，配以防守、步法等技术。1979 年散打被列入了我国竞技比赛项目，在 80 厘米高、8 米见方的擂台上进行比赛。散打比赛中允许使用踢、打、摔等各种武术流派中的技法，但不许使用擒拿，不许攻击喉、裆等要害部位，运动员分体重、穿护具在相同的条件下公平竞争。作为一项对抗性很强的运动，练习散打除了能用于实战外，还能强身健体，培养机智、顽强、勇敢、灵活、果断等意志品质，因此深受人民群众的喜爱，在民间广为流传与发展。

散打王争霸赛的创办使散打运动走向了新的阶段。在人们反思套路运动片面发展的同时，散打王争霸赛确实给武术发展带来新的活力和契机。然而，随着比赛的深入，人们越来越觉得这种散打与想象中的中国功夫相去甚远。这个散打怎么越看越像拳击，厚厚的手套、坚固的头盔，从外形到打法似乎没有中国传统武术的特色，倒有点像摔跤比赛，充满西洋搏击术的味道。传统武术散打包含着踢、打、摔、拿等动作的运用，有着丰富多彩的技法和招数，既讲究"以力降十会"，更讲究"以巧破千斤"。但令人遗憾的是，我国现在的散打缺少能够体现这些具有武术特征的技术，使其混同于一般的搏击术，而失去了固有的文化特征。

散打运动的开展的确是对以往单一以套路为主的武术运动的一种突破，给中国的武术运动注入了一股新的活力，也可以看作是武术运动在片面发展到某一阶段时对武术本质特征的一种回归。目前，竞技武术中套路和散打运动两种形式并存，但它们都没有很好地保持传统武术的特色。套路越来越趋向于"体操化、技巧化"，散打也快要成为"自由搏击"。这样下去，难保武术不失去其精华和魅力，更谈不上弘扬。民族的才是世界的，散打只有植根于传统武术，充分发挥出传统武术的特点，才能真正走向世界。

四、还武术以本来面目

为了重现千古武林风云、再铸华夏武术精魂，2007 年 3 月，中央电视台隆重推出了一档体育竞技节目《武林大会》。对于历经"健身化、表演化、竞赛化"几十年的中国武术来说，"无拳套、无级别、无演绎"的《武林大会》的确是一个很大的突破，仿佛阳春三月的一缕春风吹进了当今靡靡不振的武林，人们又依稀看到了传统武术的影子。虽然比赛还有许多不完善的地方，运动员的技术水平也还差强人意，但它就像一棵初生的、充满希望的幼苗，在人们的关爱和呵护下终将逐渐长大。比起散打比赛，《武林大会》具以下突出特点。

（一）摘掉拳套，解放双手

这一改革使传统武术丰富的手法能够淋漓尽致地发挥出来，掌、拳、勾能够自如地应用于实战中，而且去除拳套以后击打的效果更为明显，对于运动员的抗击打能力也是一种新的考验。此外，除去拳套后，运动员在使用拿法时也更为方便，在近身摔的时候拿得更稳、更牢，相比散打来说大大加强了技术动作的稳、准、狠，降低了失误率。

（二）不分级别，符合实战

大会的一大特点是没有级别的划分，以现代竞技的观点看这很不公平，但这一点恰恰最能体现传统武术的特点。武术本就是生死搏杀的技术，遇到什么对手不是你能够选择的，遇到比你高大强壮的对手时要想取胜，就需要有高超的技术和过人的谋略，要有"四两拨千斤"的巧劲和智慧。这一点在太极拳的技击中表现得特别鲜明。

（三）不尚花活，拳拳到肉

"没有演绎，还原武术精髓"是大会的宗旨。这一点大家有目共睹，拳台上没有什么花架子，更没有花拳绣腿，有的是真刀真枪的实战，被打出血的、打折腿的都有。虽然比赛的节奏和精彩程度还有待提高，但是好的开始就是成功的一半，相信比赛会越办越好。

（四）体现了传统武术的技击特点

踢、打、摔、拿、推技法全面，功力和技术得到全面的发挥，较好地展现了传统武术的风采。有的是以力降十会，有的是以巧破千斤，打法多样，一改散打王比赛的拳击加腿和摔跤的西化的打法，人们又依稀看到了传说中身怀绝技的武林英雄的精神风貌。

（五）注重功力训练，突出传统武术的实质

功力是技击的基础，是传统武术的训练核心。比赛中，功力大的选手占据明显优势，而且在复活赛中采用功力比赛体现了传统武术的特色，并为武术训练指明了方向。

（六）参赛拳种多、技法丰富、特点鲜明

中华武术源远流长，门派众多，各有所长。因此，众多拳种的参赛，有利于展现和挖掘各门派的不同技击特点，从而达到百花齐放、互相借鉴、交流学习的目的。

当然，由于赛事举办才几年时间，还不成熟，还有许多尚待完善的地方。例如，比赛中运动员的技术水平还不能完全体现传统武术的技击特点，真正通晓传统武术的教练员还非常缺乏，要想使以表演为主导的武术还原其技击本质还需一个过程，运动员和教练员还需要一个训练和提高的阶段。因此，政府要加大扶持和挖掘力度，从实际出发，鼓励传统武术的发展，不仅要在资金投入上加大力度，更要进一步加强武术研究。我们相信，在政府和群众的共同努力下，在媒体的大力推动下，武术作为中华民族的传统文化瑰宝，一定会在不远的将来重现其本来面目，焕发出它独有的迷人魅力。

五、结语

技击是武术的本质特征，发展武术必须保存武术固有的风格特点。新中国成立以来，武术运动技术水平得到了极大提高，但武术的技击性却大大削弱了，在一定程度上也妨碍了武术运动的良性持续发展，呈现出一些令人深思的倾向。因此，有必要组织专家研究如何对现行的套路比赛和散手比赛进行改革，使之能充分体现武术的本质特点。

武术要发展，离不开武术科学理论的指导，我们需要武术科学化，需要在理论上对武术的发展做出科学的阐述和指引。为此，须尽快制订出有关武术的科研规划，加大武术的科研力度，使这项优秀的文化遗产更加科学、完善，从而以其独特、丰美的姿态走向世界。

第三章
传统形意拳技术传承与创新

第一节　传统形意拳

一、历史渊源

2007 年，形意拳被确定为国家级非物质文化遗产保护项目。2011 年 5 月 23 日，经国务院批准列入第三批国家级非物质文化遗产名录。太谷等地通过举办国际形意拳搏击王争霸赛、国际形意拳交流大会等赛事，扩大了形意拳在国内外的影响力。关于其起源，有印度僧人菩提达摩创立、南宋岳飞创立以及姬际可创立三种主要说法，多数学者认为姬际可创立说较为可信。

1845 年左右，李飞羽与弟子对戴氏心意拳进行研讨，正式以形意拳为名对外进行传播。此后，车毅斋等弟子不断发展创新，形意拳逐渐传入多地。1911 年李存义在天津创办中华武术会，推动了形意拳的传播，1936 年前后在全国各地的国术馆中逐渐普及开来。

二、拳法体系

桩功：以"三体式"为桩功，式简意深，可作炼丹、运气的桩功，也可作起势、落势的方法及散手技击搭把之用。

基本拳法："五行拳"依据五行学说，对应劈、崩、钻、炮、横五拳；"十二形拳"则摹拟龙、虎、猴等 12 种动物形态与技能创编而成。

综合拳法："单练套路"作为综合拳法，将各种技法融合其中，如进退三崩拳等。

训练技法："对练套路"如"五行炮"等，是形意拳重要的训练技法，可提高实战能力。

三、拳理特点

阴阳五行学说为依据：将阴阳之理运用于拳法，从人身肢体、运动形态、人身行为等方面演绎出阴阳概念，同时结合五行学说，提出对拳法演练的具体要求。

内意与外形高度统一：强调心与意合，意与气合，气与力合，以及肩与胯合，肘与膝合，手与足合，注重内在意识和劲力与外在动作形式的完美结合。

流派风格：山西派拳势紧凑、劲力精巧，基本保留了戴氏形意拳以丹田功、蹲猴为核心的技术体系；河南派拳势勇猛、气势雄厚；河北派拳势舒展、稳健、扎实。

第二节 基本技术五行拳

一、劈拳

动作要点：三体式开始（以下动作如没有特别说明，都是以左三体式为起始），双手握拳下踩至腹部，身体微下沉后坐；微左转腰钻右拳，右拳内旋下按，左劈拳。（如图3-2-1）

技法应用：这一式的采、钻、劈都可以单独运用，劈拳时可以前推，可以下劈，也可以推按，还可以与步法配合做摔的动作。（如图3-2-2）

图3-2-1   图3-2-2

二、钻拳

动作要点：三体式开始，左掌内旋下按，右掌变拳外旋，经腹部、胸部、口前部向前钻出。（如图3-2-3）

技法应用：左掌内旋下按可以做按、采动作，右掌变拳向前钻打，也可以与左掌配合做撅臂、搬摔动作。（如图3-2-4）

图 3-2-3　　　　　　　　图 3-2-4

三、崩拳

动作要点：三体式开始，左掌向右横推拨，右拳经右腹前向前崩打，食指点按，后腿蹬地，身体微左转。（如图 3-2-5）

技法应用：在左掌的拨、推、采、按的掩护下，右拳可以上打头部，中打胸腹部，下打裆部。（如图 3-2-6）

图 3-2-5　　　　　　　　图 3-2-6

四、炮拳

动作要点：三体式开始，右掌变拳，向下向左向上向右内旋至头前左侧格挡；左掌变拳，经胸前向前击打，腰微右转。（如图 3-2-7）

技法应用：当对手向自己头部冲拳时，右小臂向右侧推挡拨按，同时左拳击打对方头部，也可以右拳与左拳配合，做踩按、撅臂或摔打动作。（如图 3-2-8）

91

图 3-2-7   图 3-2-8

五、横拳

动作要点：三体式开始，左掌变拳向右下内旋採按，左掌变拳外旋向右前方横击，腰微左转。（如图 3-2-9）

技法应用：在左掌变拳向右下踩按的配合下，右拳可以向前击打，可以撅臂拿法，也可以与步法配合做推扳摔法。（如图 3-2-10）

图 3-2-9   图 3-2-10

第三节 形意十二形

一、龙形

动作要点：右掌变龙爪向前抓出，同时右脚尖外展，用脚掌向前蹬踏；左掌变龙爪，与右龙爪配合，向下向后做採按动作，腰向右转动。（如图3-3-1）

技法应用：龙形技法需要脚和手的蹬採配合，也需要腰胯转踏配合；可以是採按拿法，也可以是採按旋摔法，也可以顺势向前推按扳压。（如图3-3-2）

图 3-3-1　　　　　　　　　　图 3-3-2

二、虎形

动作要点：两掌外旋，由内向外向上做拨、托的动作；顺势内旋，向前、向下做推扑、按压的动作。（如图3-3-3）

技法应用：两掌外旋可以做踩按动作，两掌向上用掌根发力可以做虎托动作；两掌内旋向前下可以做虎扑动作；两掌内旋，肘微上抬，可以向前做按打动作。（如图3-3-4）

图 3-3-3 　　　　　　　　　　图 3-3-4

三、猴形

动作要点：后腿蹬地垫步，前腿向前做蹬踏动作；双掌并拢，向前依次做连续穿插、拍按动作。手脚并用，上下配合。（如图 3-3-5）

技法应用：模仿猿猴的灵巧、机智，抓住各个时机，击打有效部位，如眼睛、喉部、裆部等。（如图 3-3-6）

图 3-3-5 　　　　　　　　　　图 3-3-6

四、马形

动作要点：身先向后微坐，前足尖向外摆横，左手向右，掌内扣握拳，同时右掌内裹，翻掌握拳，拳心向上。身向前移，右脚向前方直迈一大步，右拳在外，拳心向上，随上右步向前滚臂抖出，此为右马形。接着重心后移，左脚向前上一大步，左臂左拳在外，右拳在内随步向前滚臂抖出，是为左马形。（如图 3-3-7）

技法应用：随着三体步向前，双手下沉，引进落空，两臂向前方横钻，并外旋化解，翻转双拳成阳拳向对方胸部钻打。（如图 3-3-8）

图 3-3-7   图 3-3-8

五、鸡形

动作要点：由三体式开始，金鸡食米向前崩打，转身金鸡抖翎，右架左打，垫步金鸡上架，下劈上撩，调换步金鸡报晓，右钻左劈拳。（如图3-3-9）

技法应用：左横拨防守，右崩打腹部以下，上架防守时左击打对方肋部，下护裆部向上撩击。（如图3-3-10）

图 3-3-9   图 3-3-10

六、燕形

动作要点：从三体式开始，右脚微后移，身体重心向后，右掌经左臂下向前、向上、向后、向下、向前撩出，掌心向上；左掌经腹前，绕腰向前穿掌，两手交叉，左掌在上；两掌绕环变拳，前后下劈，左脚向前，右脚前跟。（如图3-3-11）

技法应用：转身要灵活，双臂撩打要干脆，两臂连贯。转身时用腰部带动，下劈发力于双臂，进步要稳健，力达拳轮，注意身体平衡。（如图3-3-12）

图 3-3-11   图 3-3-12

七、鹞形

动作要点：上步右横拳，转身左钻拳；向右架钻拳，左掌绕腰穿掌，上右步下蹲，成歇步冲拳，起身右架左炮拳，转身左手绕腰穿掌，转身右按左劈掌，成三体式。（如图 3-3-13）

技法应用：两腿微屈，身子不可站直。身体两臂左右转拳，横拳要连贯，起落、转折发力要协调沉稳，炮打迅猛有力。（如图 3-3-14）

图 3-3-13   图 3-3-14

八、鼍形

动作要点：双掌虎口撑开，形成八字掌，上下翻转，用螺旋拧劲，上下旋转向前，左右崩打，高与眉齐，双脚成丁字步交替前行，目视前方。（如图 3-3-15）

技法应用：双手呈八字掌，双臂要圆撑。步行要灵活，重心转换要准确，蹦打发力，干净利落。可以用偷步扳倒摔法，也可以向前或向两侧的撞击。（如图 3-3-16）

图 3-3-15　　　　　　　　　　图 3-3-16

九、蛇形

动作要点：两掌于胸前，左右上下交叉，下护裆上户头，身体向一侧扭转呈叠腰状，然后上步拗步前行，两臂前后分开，向前撩打，两臂前后分开外展，跟步发力。（如图 3-3-17）

技法应用：通过身体的拧裹、盘绕和手臂的拨转，化解对手的攻击，同时封闭对手拳路，为实施反击创造时机，可以是横劲，也可以是直劲，可以攻击对手的面部、胸部、腹部等。（如图 3-3-18）

图 3-3-17　　　　　　　　　　图 3-3-18

十、骀形

动作要点：两膝微屈，同时左掌收回、右掌上抬；两掌在胸前并拢，掌心相对、十指向上；略向上穿，掌心转向前，两掌拇指一侧紧靠，两臂外旋，带动两掌分别向两侧、再向下像打开折叠扇一样展开，使两掌的十指均转为朝下；同时双掌渐降至腹前变拳，两拳小指一侧紧靠腰侧、拳心向上；最后右脚上步成右三体势步，双拳并排向前推击。（如图 3-3-19）

技法应用：防守时，可以利用双掌并拢向下，再向上，从对方的两拳中间向前，穿入并外旋做拨、劈，破坏其进攻之势；进攻时可以迅速上步，用两掌向前方的肋或腹部做插、穿攻击，也可近身双拳击打腹部，并配合步法增加攻击的效果和力度。（如图 3-3-20）

图 3-3-19 图 3-3-20

十一、鹰形

动作要点：左手五指收拢呈鹰爪状向上翻拧，同时左脚尖外摆，右脚向前迈一大步，右掌向左掌的上方用力向前推、抓出，左掌翻手变掌下按于腹部，身体下蹲，模仿鹰的俯冲抓击动作，出招要迅速、狠辣、快速、突然。（如图 3-3-21）

技法应用：防守时接对方攻击，可迅速用手抓其腕内侧，突然内旋叼抓并向右向下拧翻，破坏对方的攻击，然后另一掌迅速向前向下猛击对方的头、面部或心、喉部，重创对方，实现防守反击的连贯动作。（如图 3-3-22）

图 3-3-21 图 3-3-22

十二、熊形

动作要点：重心左移，右脚略回，两臂松落，两拳在腹前交叉半握，右脚前掌略向右撇后全掌着地，重心右移，左脚上步，两臂抬高，两拳上架，两肘向后横击，带动左臂竖起向左横击，拳心向里，护于左额前；右肘向后横击时屈起，前臂横于上臂前，右拳停在右肩前，拳心向下。（如图 3-3-23）

技法应用：模拟熊的形态，颈部竖直，背部挺拔，身体保持平衡，并利用熊的庞大劲力进行直接传导，强调两膀的开合来展现熊形的杀伤力，发力从背部带动整个手臂向前挥打撞击。（如图 3-3-24）

图 3-3-23   图 3-3-24

第四节　形意十二形综合演练

预备式：三体式。并步站立，双手成掌随两臂外展与肩平，掌心向上；左脚外展 45°，右脚提起落于左脚侧，半面左转成并步；同时双掌向上经面前随转体内旋变拳、下落于腹前，两拳面相对，距腹部一拳距离，双膝微屈，目视前方。（同图 3-2-1）

第一段

1. 纵步前穿掌：①上左步成左弓步，左掌平插掌（掌心向下）；②上右步同时成鸡形步，左掌下平插右掌，左掌平放于右肘内侧；③跟左脚，平脚掌靠于右脚内侧踝，同时从右掌下平插左掌，右掌回收于左肘内侧。（如图 3-4-1）

2. 顺步左劈拳：接上式，①双采手，左掌变拳回拉于腹前，右掌变拳，亦拉于脚前；②右钻拳，步型不变，上述磨胫步；③上左脚，跟右脚，左劈掌、半左旋，右脚微外展。（同图 3-2-1）

图 3-4-1　　　　　　　　　　　　图 3-4-2

3. 燕子抄水：①上左步，右脚不动，右撩掌，放于左臂下；右转身成右弓步，左掌绕腰穿掌，右掌经面前穿撩掌，两臂交叉，左臂在上，掌心

向下，右臂在下，掌心向上，随腰转动；②左仆步，左掌经左肋处后插，右臂内旋。（如图3-4-2）

4.飞燕展翅：左弓步，右掌上撩，左掌扶于右手腕处；双掌变拳，左拳下翻转至右拳处，同时右脚前跃步，左脚磨胫跟步于右脚内侧，双臂左右分开同时下砸拳，拳眼朝上。（同图3-3-11）

5.进步右崩拳：上左步，跟右步，右崩拳，同时左拳回收于左腰间。（同图3-2-5）

6.顺步左劈掌：上左步，跟右关，劈左掌。（同图3-2-1）

7.金鸡食米：上左步，跟右步，右崩拳，出拳与腹平，左掌护右小臂处（又名燕子衔泥式）。（同图3-3-9）

第二段

8.金鸡抖翎：撤右步，右臂滚架于右太阳穴（屈肘），左掌向前撑打，于左膝上方，掌心朝下（击对方肝部），目视左掌。（如图3-4-3）

9.金鸡上架：身体右转，左脚向右前方跳出一步（盖步），右脚提起于左脚内侧（磨胫步），同时，右掌下插（护裆），掌心朝左，左掌穿掌于右肩前侧，掌心朝右，指尖朝上，目视前方。（如图3-4-4）

图3-4-3　　　　　　　　　　图3-4-4

10.金鸡报晓：右脚向前上步，成右弓步，同时，两臂右上左下分开；右掌上挑，上与头平，指尖向上，左掌于肚脐前，目视右掌。（如图3-4-5）

11.换步左劈拳：①收右脚，钻右拳；②落右脚，再落左脚，同时左右双劈掌，目视前方（跳换步，先落右脚，再落左脚成三体式）。（如图3-4-6）

图 3-4-5　　　　　　　　　图 3-4-6

12.插掌右蛇形：①活左脚（脚尖外展），成歇步，同时，右掌斜下穿，左掌上穿；②向右前方上右步，同时，上撩右掌（高于肩平），左掌下按于肚脐，同时跟左脚，成三体步。（如图 3-4-7）

13.插掌左蛇形：①活右脚（右脚尖外展），成歇步，同时，左掌右下插、右掌上按于左肩前；②向左前方上左步，跟右脚，左掌上撩（低于肩），右掌下按于肚脐。（如图 3-4-8）

图 3-4-7　　　　　　　　　图 3-4-8

14.上步左鹏形：①向右前方（约 45°）上右脚，同时两掌相叠，右掌在下；②退左脚于右脚踝后，同时左臂下旋变拳收于左腰眼处，右臂下旋变拳收于右腰眼处，收左脚于右脚内侧（左脚尖触地），同时双拳前冲；③左脚向左前方 45° 上步，右脚跟半步，同时双拳前撞出，两拳心均朝上，成三体式，目视前方。（如图 3-4-9）

15.上步右鹏形：①向左双臂外撑划圆，握拳收于两肋处，前方 45°

上左脚，左掌在下，右掌在上；②退右脚于左脚后，双掌外撑变拳收于两肋；③右脚向右前方 45°上步，跟左脚，向前双撞拳，成三体式，目视前方（注意用腰部带动两臂发力）。（如图 3-4-10）

图 3-4-9　　　　　　　　图 3-4-10

第三段

16.转身左劈拳：①向后撤右脚成左仆步，左拳不变，右拳变掌，右腋反穿，转移手心向下，掌指朝前；②上左脚，跟右脚，成左劈掌。（同图 3-2-1）

17.龙形左起式：①探左拳，双拳下按于腹前；②钻左拳，蹬左脚，右拳于左肘内侧；③落左脚，劈右掌，跟右脚成左歇步，左掌后撑于左胯旁。（如图 3-4-11）

18.跳步龙形：原地空中跳步（右腿在前，左腿在后），前后分脚蹬踹，下蹲，左脚落于右腿后成歇步，同时，钻右拳，劈左拳。（与图 3-4-11方向相反）

图 3-4-11　　　　　　　　图 3-4-12

19.垫步龙形：向前活左脚（垫左步）向前跃步，同时钻右拳，向前

踢蹬右脚；②左右分脚，成歇步，右掌向后按于右胯旁；左脚在右脚后，目视前下方。（如图3-4-11）

20.上步右虎托：①向左前方上左脚，右臂（掌心向下）压于左小臂上，（左手心向下）；②两掌翻转成掌根紧贴，收于腹前，同时收右脚于左脚内侧，脚尖点地，掌心均朝上；③向右前方上右步，跟左步（三体式）向前推掌，两掌心斜相对，两掌根微离。（如图3-4-12）

21.左猛虎搅尾：①两掌变为右掌下、左掌上（右掌心向上，左掌心向下），同时撤右步成左弦向右；②右转体变为右弓步，同时带动两臂（两臂后状）至右肩前；③蹬左脚，击打左掌（掌心向后，指尖向右），右臂屈肘，右掌置于右太阳穴旁。（如图3-4-13）

22.老虎洗脸式：左转体（右脚未动），左脚跟外旋，同时右臂垂直向左侧转，转至左卧，左掌置于肚胳旁。（如图3-4-14）

图3-4-13　　　　　　　　　图3-4-14

23.上步左虎形：①向右前上方上右步，同时两臂平架于胸前，右掌上，左掌下，掌心均朝下；②收左脚于右脚内侧（丁步），同时双掌左右分开划弧变拳收于两肋处；③每拳胸前二钻于胸前，向左前方45°上左步，跟右步双拳变掌前劈、虎口相对。（如图3-4-15）

24.上步右虎形：①向左前方上左步，跟右脚（丁步），同时双掌左右分开划弧；②向右前方（45°）上右步，跟左步（三体式），两掌经胸前向上钻出，并向左前方（45度）上左步，内旋变掌向前臂（虎口相对）。（如图3-4-16）

图 3-4-15

图 3-4-16

25. 开步左鼍形：①双掌虎口撑开，变成八字掌，左臂掌外旋下抄，左掌向左猛摆，收左脚，同时右小臂向右滚压横击，左掌（掌心向下）放于肚脐前（掌心间上）；②向左方上左脚，跟右脚（成丁字步），同时向左击打左臂，右掌（掌心向上）置于肚脐旁，目视左掌。（如图 3-4-17）

26. 开步右鼍形：向右前方上右步，跟左脚（成丁步），同时向右击打右小臂（外撑发力），掌心向下；左掌（掌心向上）按于肚脐前，目视右小臂前方。（与图 3-4-17 方向相反）

图 3-4-17

图 3-4-18

第四段

27. 左转猴挂印：①双二指掌（八字掌）变掌，左掌置于肚脐，右掌抄手外旋，手心向上，同时上左脚并处摆，上右脚（内扣）于左脚外侧；②撤左脚，成左丁字步、右转腰，双手交叉右带。（如图 3-4-18）

28. 猿猴叼绳：收右脚于左脚内侧，同时右掌下插、左掌置于右肩并，

掌指向上，目视前方。（同图 3-3-5）

29. 猿猴爬杆：①左拳下按，收左掌，左臂下平插右掌，掌心向下，同时上步；②出左步垫左脚，腾空前蹬踢右脚，同时插左掌，右脚在前，成三体式。（如图 3-4-19）

30. 上步左马形：①抓按双掌成拳于腹前；②上右步，跟左脚（磨胫步），右钻拳，冲左拳；③上左步，跟右步，左拳从右拳下穿打（两拳击打），成三体式，拳心向下。（如图 3-4-20）

图 3-4-19　　　　　　　　　　图 3-4-20

31. 上步右马形：①上左步，跟右步（磨胫步），同时左钻拳，右冲拳于左肘旁；②上右步，跟左步，成三体式，右拳从左臂下冲出（拳心向下），放于左肘弯处，目视前方。（如图 3-4-21）

32. 右熊形起式：①双拳前后钻出，右拳在前，提右腿（左独立式）；②向右前起，右脚前蹬踹，左拳于右肘内侧，目视前方。（如图 3-4-22）

图 3-4-21

33. 左鹰形落式：成骑龙步，双拳变鹰爪，左爪在前，向下抓按，右爪在后，按于右胯旁。（如图3-4-23）

图 3-4-22　　　　　　　　图 3-4-23

34.左熊形起式：①双拳前后钻出，左拳在前，提左腿（右独立式）；②向左前起，左脚前蹬踹，右拳于左肘内侧，目视前方。（如图 3-4-24）

35.右鹰形落式：成骑龙步，双拳变鹰爪，右爪在前，向下抓按，左爪在后，按于左胯旁。（如图3-4-25）

图 3-4-24　　　　　　　　图 3-4-25

36.鹞子钻天：

①上右脚，左横拳；

②压磨拳，出右钻拳；

③左转体，压右拳。

（如图 3-4-26）

图 3-4-26

37.鹞子束身：①右转体，带动两膀（右臂在下，左臂在上）；②左

拳绕腰穿掌，上右脚（成歇步），左拳在下，拳心朝下，右拳拳心向上，目视前下方。（如图3-4-27）

38.鹞子入林：收右拳于腹部，经左肋上架于右太阳穴处，出左崩拳向前击打，目视前方。（如图3-4-28）

图3-4-27　　　　　　　　　图3-4-28

39.穿掌三体式：①右掌按，左掌劈打；②退步，左掌按，右掌劈打；③左掌从左腋下穿出，同时上右步，穿右掌，掌心向上，左掌心向下；向左转体，按右掌，成三体式。（如图3-4-29）

收式：①右半面转体，双掌从两侧向外展上托，经面前下按于腹前，变拳相对；②继续右转成并步站立，双拳变掌放于跨两旁，目视前方。（如图3-4-30、图3-4-31）

图3-4-29　　　　　　　图3-4-30　　　　　　　图3-4-31

第五节 形意散手技法传承与创新

一、形意格斗式

左脚在前，右脚在后，身体微微下蹲，重心微微后移，含胸拔背，右臂在后，左臂在前，右臂弯曲，左拳微直，两拳心朝下，拳面冲前，目视前方。分左右式，动作相同，方向相反。（如图 3-5-1）

二、臂靠采别

当对方右弓步右冲拳击打自己咽喉位置时，则左手采抓其右小臂，同时右腿向外上步，别其右小腿，右臂向下向后做别动作，使其摔倒。（如图 3-5-2、图 3-5-3）

图 3-5-1　　　　　　图 3-5-2　　　　　　图 3-5-3

三、劈掌蹬脚

当对方连续冲拳进攻时，则前手掌抢劈防守，右手掌继续前劈，同时抬右脚向其腹部蹬出。（如图 3-5-4、图 3-5-5）

四、双掌搓肘

当对方右拳进攻我头部时，我迅速用左小臂格挡其小臂，同时右小臂伸到其肘外部，两手同时向右侧做顺时针推拉撅臂动作，使其肘部受挫。（如图 3-5-6、图 3-5-7）

图 3-5-4　　　　　　　　　图 3-5-5

图 3-5-6　　　　　　　　　图 3-5-7

五、蹬踹爬插掌

当对方用劈拳进攻时，我便左右掌连续从下往上劈击，防守加进攻，同时抬右脚向前蹬踹，封住对方的下路，上下配合，做出防守反击的动作。（如图 3-5-8、图 3-5-9）

图 3-5-8　　　　　　　　　图 3-5-9

六、夹臂反击肘

当我做蹬腿攻击动作时，对方双臂抱住我的小腿，我便迅速回收小腿夹住对方双臂，然后两掌向前对准其肘部猛击，使其受挫，从而破坏掉对方的抱腿动作。（如图 3-5-10、图 3-5-11）

图 3-5-10　　　　　　　　　图 3-5-11

七、架格横击肋

当对方正面劈掌进攻时，我迅速侧身上架，同时另一掌击对方肋部；或者向前侧方上步上架，另一掌平推，把对方搬倒后摔抛出去。（如图 3-5-12、图 3-5-13）

图 3-5-12　　　　　　　　　图 3-5-13

八、双手锁腕绞缠

当对方依次用双肘击打进攻时，我迅速后坐，双手分别抓住其手腕向两侧对拉，同时双手绞缠，破解对方的进攻，并使对方倒地。（如图 3-5-14、图 3-5-15）

九、抓腕反靠臂

当对方向前冲拳击打我胸部时，我迅速侧身用一手压靠住其小臂，另一掌通过其肘的外侧向其腹部前下伸，用靠劲反击其肘臂，从而破坏其进攻，并锁拿住对方。（如图3-5-16、图3-5-17）

图 3-5-14　　　　　　　　图 3-5-15

图 3-5-16　　　　　　　　图 3-5-17

十、蛇形夹臂摔

当对方侧身向我胸腹部插掌进攻时，我也迅速向同侧侧身，一手擒住其手腕，另一手从其腋下向其胸部前插，同时一腿移动到其身后，迅速转腰蹬地发力，使其侧向摔倒。（如图3-5-18、图3-5-19）

图 3-5-18　　　　　　　　图 3-5-19

十一、盖压滚挫前击

当对方进步冲拳进攻时，我后手擒拿其腕或压按其小臂，同时，前手从上往下往后做滚挫反压其大臂或者其肘部，继续外旋向前挫旋钻击其头部。（如图3-5-20、图3-5-21）

图 3-5-20

图 3-5-21

第四章

古剑术技术分析

第一节 中国古剑术简述

一、历史渊源

古剑术是古代武术中的重要组成部分，以下是关于它的一些基本信息。

起源：可追溯到原始社会，当时人们用石刀、石矛等进行狩猎和自卫，逐渐形成一些简单的剑术动作。

商周时期：青铜剑的出现使剑术有了进一步发展，成为重要的格斗技术，在战争和贵族的武艺训练中占据重要地位。

春秋战国：剑术更为盛行，出现了越女等剑术高手，《吴越春秋》中就记载了越女论剑的故事，反映出当时剑术理论和技术已有较高水平。

秦汉时期：剑术在民间广泛流传，同时也是军队训练的重要内容，出现了多种剑术流派和技术风格。

唐朝：剑术与舞蹈等艺术形式相互融合，公孙大娘的剑器舞闻名遐迩，展现了剑术的艺术魅力。

明清时期：剑术理论和技术体系更加完善，众多武术典籍如《纪效新书》《剑经》等对剑术的技法、理论等进行了详细记载。

二、流派特点

武当剑术：属于内家剑法，动作以柔克刚，剑走轻灵，注重剑与身体的协调以及气息的运用，讲究"以静制动，后发先至"，有太极剑等套路。注重以腰为轴，身体转动灵活自然，动作舒展，多有旋身、转身等动作，如在剑势转换时，通过腰部的扭转带动身体和剑的变化，以达到"身随剑动，剑随身转"的效果，体现出轻灵圆活的特点。

少林剑术：为外家剑法代表，动作刚猛迅猛，招式大开大合，注重力量和速度的发挥，以气势和攻击力见长，如少林达摩剑等。强调身体的中正稳健，步伐扎实，在移动中保持重心稳定。进攻时，常以进步、上步等快速接近对手，利用身体的前冲力增强剑招的攻击力；防守时，通过撤步、闪步等避开对手攻击，身法刚猛果敢。

峨眉剑术：风格独特，身法灵活，剑招奇巧，既有刚猛的攻击招式，又有柔化的防御技巧，常以巧劲破敌，像峨眉玉女剑等。身法轻盈飘逸，多有侧闪、滑步、跃步等动作，能够灵活地变换身体位置和方向，使对手难以捉摸攻击路线。例如，在应对对手攻击时，常以侧身滑步避开锋芒，同时迅速出剑反击。

青萍剑法：中国剑术四大流派之一，道家秘传剑法，明朝末年由江西龙虎山嗣汉天师府潘元圭道长创编，有三百六十五招，分六趟，有三十六个技击运用手法。

三、世界上古剑术流传情况

（一）日本古剑术

示现流：也被称为萨摩示现流，开创者是神道流出身的东乡重位。其战法是将剑高举在右肩上方，再向左下猛烈挥动劈下，强调由上方斜砍的大袈裟斩，攻击时会发出很大的喊叫声。

天然理心流：以"天然自然理心"为宗旨，注重心的修养和剑技的自然运用，剑术动作轻快流畅，讲究以柔克刚，在幕末时期非常活跃，新撰组的很多成员都出自此流派。

北辰一刀流：以简洁实用的剑技著称，强调"一刀必杀"，招式刚猛有力，注重身体的姿势和动作的规范，代表人物有千叶周作等。

（二）意大利长剑术

动作灵活多变，注重脚步移动和身体平衡，擅长利用剑的长度和剑尖的灵活性进行刺击和劈砍，以精准、快速的攻击来突破对手的防御。比如，斯佩拉长剑术，有着独特的起手式和攻击动作，有多种剑花和复杂的剑路变化。

（三）波兰马刀术

结合了东方马刀的特点和欧洲的战斗技巧，以劈砍和斜向攻击为主，动作刚猛有力，攻击范围大，在马背上或步战中都能发挥出强大的威力。波兰翼骑兵使用波兰马刀，在战场上常常能给敌人造成巨大的杀伤力。

（四）俄罗斯剑术

古俄罗斯剑术以直击为主，瞄准对手要害部位进行攻击；厄斯佩拉以轻灵迅速的招式为特点，强调横劈、挑、侧劈等技法；涅斯特洛夫剑术则注重脚法和身法，以转身和弯曲为主要动作。

（五）阿拉伯剑术

阿拉伯地区的剑术融合了当地的文化和战斗需求，其剑通常带有一定的弧度，剑身较为轻巧。剑术动作注重与身体的协调配合，以快速的刺、撩、削等动作为主，在沙漠等环境中具有很强的实用性，常常与骑术相结合，用于骑兵作战。

（六）印度剑术

印度古剑术流派众多，有的流派强调以快速的剑招和灵活的身法来迷惑对手。例如，一些以瑜伽为基础的剑术流派，将身体的柔韧性和平衡感发挥到极致；有的则注重力量的运用，通过强有力的劈砍和穿刺来攻击对手，与印度的宗教和哲学思想有着紧密的联系。

四、练习方法

基本功练习：包括握剑、持剑姿势，以及刺、劈、砍、撩、挂等基本剑招的反复练习，以规范动作，增强肌肉记忆。

套路练习：通过练习完整的剑术套路，如太极剑套路、达摩剑套路等，来提高身体的协调性、节奏感和对剑的掌控能力。

对练练习：两人或多人进行模拟实战的对练，如定步对剑、活步对剑等，以提高实战应用能力和反应速度。

五、实战应用

战场应用：在古代战争中，剑常作为短兵器用于近战，士兵们运用剑术进行劈砍、穿刺等动作，与长兵器配合或在近身格斗时发挥作用。

防身自卫：对于民间武者或普通人来说，古剑术是一种有效的防身技能，在遇到危险时可利用剑的长度和锋利，以及剑术技巧来保护自己。

竞技比武：古代的比武竞技中，剑术也是重要的比试项目，武者们通过展示自己的剑术技巧和实战能力，一较高下。

六、文化意义

体现哲学思想：蕴含着道家、儒家等哲学思想。道家强调顺应自然，剑术动作也追求自然流畅；儒家注重礼仪和道德，习剑者也讲究武德，以剑修身，培养正直、勇敢等品德。

象征身份地位：在古代，剑常被视为身份和地位的象征，佩剑不仅是为了防身，更是一种礼仪和文化的体现，代表着佩戴者的身份和荣誉。

反映艺术审美：古剑术的动作优美、姿态潇洒，具有很高的艺术审美价值，与书法、绘画等艺术形式一样，是中国古代文化艺术的重要表现形式。

精神象征：古剑术体现了古人的尚武精神和对侠义的追求，剑客们以高超的剑术和高尚的品德行侠仗义，成为人们心目中的英雄。

艺术价值：古剑术的动作优美流畅，具有很高的艺术观赏性，与舞蹈、音乐等艺术形式相融合，成为中国传统文化艺术的重要组成部分。

哲学内涵：古剑术蕴含着丰富的哲学思想，如道家的"道法自然"、儒家的"中和"思想等，体现在剑术的动作、技巧和实战策略中。

七、技术特点

第一，动作多样，包含刺、劈、砍、撩、挂、点等基本动作，通过不同的组合和变化，形成丰富的剑术套路。

刺：伸直手臂，以剑尖直取对手，是攻击距离远、准确性高的技法，可刺向对手的咽喉、胸膛、腹部等要害部位，如武当剑术、青萍剑法都有很多刺的技法。

劈：将剑由上向下发力，利用剑身的重量和手臂的力量，以剑刃劈砍对手的头部、肩部等部位，动作刚猛，威力较大，有进步突击劈、起跳下劈等用法。

撩：以手腕为轴，将剑从下向上弧形挥动，可分为正撩和反撩，用于攻击对手的下盘或裆部，也可用来拨开对手的攻击。

挂：剑身由前向左或向右上方挂起，多用来格挡对方的攻击，或破坏对方的进攻节奏，改变对方剑的走向。

云剑：剑在身体上方或头部周围做平圆或斜圆的环形运动，动作要圆活连贯，有防守和迷惑对手的作用，同时也可为后续攻击创造机会。

第二，注重身法，要求身体与剑的动作协调配合，通过身法的移动、旋转、俯仰等，使剑术动作更加流畅、灵活，增强攻击和防御能力。

第三，强调节奏，有疾有缓，在攻击时速度快、力量猛，防守时则沉稳、灵活，通过节奏变化来迷惑对手，寻找战机。

第四，刚柔相济，既要有刚劲之力，如劈、砍等动作要刚猛有力，又要有柔和之劲，如撩、挂等动作要轻盈灵活，刚柔结合才能发挥出剑术的最佳效果。

第二节 中国古剑术技术新解

一、古剑术代表性技法的技术分析

1.下劈式

（1）并步抱剑

并步站立，双手抱持剑于左肩上，剑身落肩上，剑刃朝左，剑尖向后斜上，剑首略低于肩，挺胸抬头，双目平视前方。（如图 4-2-1）

（2）并步剑礼

右手持剑尖向下向右再向上划弧至于体前，剑尖向上；同时左手与右手对称划弧，左手置于右手外侧交叠，随后上体前倾约 30° 低头成揖礼姿势，然后上身抬起，双目平视前方。（如图 4-2-2）

（3）右马立剑

右脚向后方退步成右偏马步；同时两手持剑立与右胸前，剑刃朝前，剑首高与胸平，双目平视前方。（如图 4-2-3）

图 4-2-1   图 4-2-2   图 4-2-3

（4）上步劈头

右脚向前方上步成后点步，同时两手持刀向前方劈出，剑尖高与头平，

双目平视前方。（如图 4-2-4）

（5）退步拦剑

左脚向后方退步成右虚步，同时两手持剑向左向下拦剑，剑垂立于身左侧，剑刃朝前，剑首高与胸平，双目视剑尖方向。（如图 4-2-5）

图 4-2-4　　　　　　　　　　图 4-2-5

（6）进步劈剑

右脚向前方上步成后点步，同时两手持剑向前方劈出，剑尖高与头平，双目平视前方。（如图 4-2-6）

（7）并步收势

右脚抬起与左脚并步，同时左手持剑立于体前，右手向下收于右腿外侧，臂自然下垂，双目平视前方。（如图 4-2-7）

图 4-2-6　　　　　　　　　　图 4-2-7

以下各式的起势和收势本势相同，在此不再累述。

2. 举鼎防守式

（1）举鼎架剑

左脚向右斜前方跨出一步，身体先右转再略左转，同时两手持剑向左前方上架，剑尖斜向上，剑首高于头，目视左前方。（如图 4-2-8）

（2）上步云斩

右脚向前方上步成右弓步，身体先左转再右再左转，同时两手持剑在头上方云转一圈向左斩剑，剑刃向左，剑高与肩平，双目平视前方。（如图 4-2-9）

（3）上挂提剑

左脚向后退步成右虚步，身体先略左转再右转，同时两手持剑向左上挂剑，顺势向后立圆划弧至身体左侧提剑，剑尖斜向下，剑首高与头平，双目平视前方。（如图 4-2-10）

图 4-2-8　　　　　　　图 4-2-9　　　　　　　图 4-2-10

3. 前刺式

（1）插步挂压

左脚向右脚后插步，身体略左转，同时两手持剑向左挂压，剑刃朝外，剑尖朝右斜前方，剑首高与胸平，双目平视前方。（如图 4-2-11）

（2）右上击头

右脚向右上一步，身体略右转，同时两手持剑向右击出，剑刃朝外，剑尖朝右斜前方，剑首高与肩平，双目平视前方。（如图 4-2-12）

图 4-2-11   图 4-2-12

4. 展旗挂剑式

（1）右闪点剑

右脚向右斜前方跨出一步成后点步，身体右闪左转，同时两手持剑立圆划弧向左前方点剑，剑尖斜向下，剑首高与肩平，目视剑尖方向。（如图 4-2-13）

（2）左上挂拨

左脚后退一步成马步，身体略左转，同时两手持剑向左上挂拨，剑尖向上，剑首高与腹平，目视右前方向。（如图 4-2-14）

图 4-2-13   图 4-2-14

5. 横扫击腰式

（1）插步挂拨

左脚向右脚后插步，身体略左转，同时两手持剑向左挂拨，剑刃朝左，剑尖朝上方，剑首高与胸平，双目平视右方。（如图 4-2-15）

（2）右斩腰剑

右脚向右上步，随后左脚跟步成左丁步，身体右转；同时两手持剑向右斩剑，剑刃向右，剑尖高与腰平，双目平视右方。（如图4-2-16）

（3）左下绞推

左脚向后退一步成右虚步，身体略左转，同时两手持剑向左下方绞推，剑刃向左，剑尖斜向下，剑首高与腹平，目视剑尖方向。（如图4-2-17）

图4-2-15　　　　　　　图4-2-16　　　　　　　图4-2-17

6.绞压反击式

（1）进步刺头

右脚向前方上步成后点步，同时两手持剑向前方刺出，剑尖高与头平，双目平视前方。（如图4-2-18）

（2）左下绞推

左脚向后退一步成右虚步，身体略左转，同时两手持剑向左下方绞推，剑刃向左，剑尖斜向下，剑首高与腹平，目视剑尖方向。（如图4-2-19）

（3）右截腿剑

右脚向前上步成右弓步，身体略右转，同时两手持剑向右下截剑，剑刃向右，剑高与膝平，双目平视剑尖方向。（如图4-2-20）

图 4-2-18　　　　　　　　图 4-2-19　　　　　　　　图 4-2-20

二、古剑术技击技术新解

1.举架反击式

当对方持剑下劈我方头部时，我方上步举架防守，并迅速侧身上步平展；对方斜剑格挡并上步下劈，我方迅速退步，成虚步斜架剑防守。（如图 4-2-21、图 4-2-22、图 4-2-23）

图 4-2-21　　　　　　　　图 4-2-22　　　　　　　　图 4-2-23

2.挂剑展腰式

当对方上步击刺我方头部时，我方迅速转身后撤步，并持剑向上向后挂格，然后进步平展其腰部；对方立剑格挡并下扫我方腿部，我方迅速退步，绞剑格挡防守。（如图 4-2-24、图 4-2-25、图 4-2-26）

3.架绞斜撩式

当对方上步劈击我方头部时，我方斜上步，斜上架格剑，同时换步绞剑，并上步斜撩对方的腰胸部。（如图 4-2-27、图 4-2-28、图 4-2-29）

图 4-2-24   图 4-2-25   图 4-2-26

图 4-2-27   图 4-2-28   图 4-2-29

4.绞压反刺阳

当对方上部平刺我方胸部时，我方迅速退步绞压，并向前活步，穿刺其头部；对方撤步后架，我方迅速上步，反刺起太阳穴。（如图 4-2-30、图 4-2-31、图 4-2-32）

图 4-2-30   图 4-2-31   图 4-2-32

5.点展推架式

我方上步点击对方头部时，对方架剑格挡，我方迅速平推剑展其颈部；对方迅速斜架剑格挡，接着迅速绞剑反推斩我方颈部，我方立即退步竖剑

架格。（如图 4-2-34、图 4-2-35、图 4-2-36）

图 4-2-34　　　　　　　　图 4-2-35　　　　　　　　图 4-2-36

6. 退挂上撩式

当对方上步斜下直刺进攻时，我方后退绞压剑，并斜上撩剑，对方上挂化解，并斜下劈剑，我方插步后上挂并反手斜上撩剑，反击对手。（如图 4-2-37、图 4-2-38、图 4-2-39、图 4-2-40）

图 4-2-37　　　　　　　　　　图 4-2-38

图 4-2-39　　　　　　　　　　图 4-2-40

第五章

古代长刀技术的传承与创新

第一节　中国古代长刀——苗刀

中国历史上，从唐代陌刀到明代戚家刀，再到清代苗刀的成熟，都是古代军事战备的突出表现，也代表着刀术在各个时期军武生涯中的重要作用。

一、历史渊源

早期雏形：苗刀在汉代便有雏形，当时骑兵兴起，为满足骑兵作战需求，出现了环柄长刀，成为苗刀的早期形态。

唐代发展：唐代时苗刀的雏形得到进一步发展，唐刀中的仪刀或横刀与苗刀有一定渊源，此时苗刀可能作为皇家卫士专用兵器。

明代定型：明朝中期，戚继光为克制倭寇的日本刀，借鉴其优点并结合中国武术，对长刀进行改良，研制出戚家刀，其形制与苗刀已基本一致，并编著有《辛酉刀法》，后苗刀开始在军队中广泛应用。

民国定名：民国十年，大军阀曹锟在保定成立卫队武术营，特聘刘玉春为三连苗刀连教习，正式将其定名为"苗刀"。

二、形制特点

尺寸：标准的苗刀全长5尺，刀身长3尺8寸，刀柄长1尺2寸，刀宽1寸2分。

外观：刀身修长，形似禾苗，刀身微弯，刀尖部趋于直线型，刀脊比较厚，护手（刀盘）呈圆形或椭圆形。

三、技法特色

步法灵活：苗刀技法强调步法的快速移动和灵活变化，通过刷地一下快速移动，能够产生爆发力，在实战中迅速接近或远离对手。

招式多样：包含劈、撩、扎等多种实战招式。劈刀时从右上方向左下方快速劈砍，力达刀尖；撩刀是从身体左侧下方沿着身体前侧向上撩起；扎刀则是将刀身直线向前刺出，具有很强的杀伤力。

发力巧妙：讲究腰马合一，通过腰部的转动带动手臂发力，将腿部的力量传导至刀尖，使全身力量拧成一股绳，瞬间爆发出去，增强攻击的力量和效果。

四、文化价值

武术价值：苗刀有一套完整的技法，内涵丰富、结构严谨、技击性强，具有很高的科学性、实战性与锻炼价值，是中国武术中的重要器械之一。

历史价值：见证了中国古代军事战争和武术发展的历程，特别是在明代抗倭战争中发挥了重要作用，是研究中国古代军事史和武术史的重要实物资料。

艺术价值：其造型优美、刀身修长、线条流畅，体现了中国古代兵器制作的精湛工艺和审美观念，具有一定的艺术欣赏价值。

第二节 苗刀单练技术创新性传承

为了更好地掌握复杂的苗刀技术，更容易地记住苗刀招式，笔者在反复研究古代苗刀技击方法的基础上，创编了单练套路。

一、第一路单练套路

1. 预备式

（1）并步抱刀

并步站立，双手抱持刀于左肩上，刀身落肩上，刀刃朝左，刀尖向后斜上，刀首略低于肩，挺胸抬头，双目平视前方。（如图5-2-1）

（2）并步揖礼

右手持刀，刀尖向下向右再向上划弧至于体前，刀尖向上，同时左手与右手对称划弧，左手置于右手外侧交叠，随后上体前倾约30°低头成揖礼姿势。（如图5-2-2）

（3）右下截刀

右脚向右斜后方退步成右偏马步，同时两手持刀向右下截刀，刀刃朝下，刀尖高与肩平，刀首高与膝平，双目平视前方。（如图5-2-3）

图5-2-1

图5-2-2

图5-2-3

2. 举鼎架刀

左脚向右斜前方跨出一步，身体先右转再略左转，同时两手持刀向左前方上架，刀刃朝上，刀尖斜向左上，刀首高与头平，目视左前方。（如图 5-2-4）

3. 上步云斩

右脚向前方上步成右弓步，身体先左转再右再左转，同时两手持刀在头上方云转一圈向左斩刀，刀刃朝左，刀尖高与肩平，刀首高与肩平，双目平视前方。（如图 5-2-5）

图 5-2-4　　　　　　　　图 5-2-5

4. 上挂提刀

左脚向后退步成右虚步，身体先略左转再右转，同时两手持刀向左上挂刀，顺势向后立圆划弧至身体左侧提拦刀，刀刃朝前，刀尖斜向下，刀首高与头平，双目平视前方。（如图 5-2-6）

5. 右闪点刀

右脚向右斜前方闪跨出一步成后点步，身体略右再左转，同时两手持刀立圆划弧向左前方点刀，刀刃朝下，刀尖斜向下，刀首高与肩平，双目视刀尖方向。（如图 5-2-7）

6. 左上挂拨

左脚后退一步成马步，身体略左转，同时两手持刀向左上挂拨，刀刃朝左，刀尖向上，刀首高与腹平，目视右前方向。（如图 5-2-8）

图 5-2-6　　　　　　　　图 5-2-7　　　　　　　　图 5-2-8

7. 右斩腰刀

右脚向右上一步，随后左脚跟步成左丁步，身体略右转，同时两手持刀向右斩刀，刀刃向右，刀尖高与腰平，目平视刀尖方向。（如图 5-2-9）

8. 左下绞推

左脚向左斜后方闪退一步成右虚步，身体略左转，同时两手持刀向左下方绞推，刀刃向左，刀尖斜向下，刀首高与腹平，目平视刀尖方向。（如图 5-2-10）

图 5-2-9　　　　　　　　图 5-2-10

9. 举鼎格刀

左脚向左斜前方闪跨出一步，身体略右转，同时两手持刀向右前上方举架刀，刀刃向后，刀尖向左上方，刀首高与肩平，目视左方。（如图 5-2-11）

10. 绞旋撩刀

左脚向左斜前方跨出半步，右脚经过左脚内侧向右斜前上一步成右弓步，同时两手持刀顺时针向左下方划弧绞旋再向右斜前方撩刀，刀刃向上，刀尖斜向下高于裆，刀首高与胸平，双目视刀尖方向。（如图5-2-12）

图 5-2-11　　　　　　　　　　图 5-2-12

11. 左抽格刀

右脚后退一步成并步，身体略左转；同时两手持刀向左抽格刀，刀刃朝左，刀尖向前高与腹平，刀首高与腹平，目视刀尖方向。（如图5-2-13）

12. 进步刺胸

右脚向前方上一步，左脚跟进半步成后点步，同时两手持刀内旋向前方刺出，刀刃朝右，刀尖向前高与胸平，刀首高与胸平，目视刀尖方向。（如图5-2-14）

图 5-2-13　　　　　　　　　　图 5-2-14

13. 左上挂刀

左脚向左斜后方退一步成马步，身体略左转，同时两手持刀向左上挂拨刀，刀刃朝左，刀尖向上，刀首高与胸平，目视右前方向。（如图5-2-15）

14. 上步撩刀

左脚经过右脚内侧向前上一步成右弓步，身体略右转，同时两手持刀内旋向右斜前方撩刀，刀刃向上，刀尖斜向下高于裆，刀首高与腹平，目视刀尖方向。（如图 5-2-16）

图 5-2-15　　　　　　　图 5-2-16

15. 下挂点刀

右脚向左脚后插步，左脚再向左横跨一步成后点步，身体先略左转再右转再左转，同时两手持刀向左下挂刀再顺时针绞半个圈向右斜前方点刀，刀刃朝下，刀尖斜向下高与胸平，刀首高与肩平，目视刀尖方向。（如图 5-2-17）

16. 滑杀虎口

右脚向后退一步成左弓步，身体略左转，同时两手持刀向左斜前方滑杀，刀刃朝左，刀尖朝右方高与头平，刀首高与肩平，目视刀尖方向。（如图 5-2-18）

图 5-2-17　　　　　　　图 5-2-18

17. 下挂点刀

左脚向右脚后插步，右脚再向右横跨一步成后点步，身体先略右转再左转再右转，同时两手持刀向左下挂刀再逆时针绞半个圈向左斜前方点刀，刀刃朝下，刀尖斜向下，刀首高与腹平，目视刀尖方向。（如图5-2-19）

18. 进步刺喉

右脚靠拢左脚，右脚再向前方上一步，左脚跟半步成后点步，同时两手持刀向前方刺出，刀刃朝下，刀尖高于喉，刀首高与肩平，目视刀尖方向。（如图5-2-20）

图 5-2-19　　　　　　　图 5-2-20

19. 挂压左击

左脚向左闪一步再向前上一步，右脚跟随成后点步，身体先略右转再左转，同时两手持刀上挂压刀再向左横击，刀刃朝左，刀尖高与肩平，刀首高与胸平，双目平视右前方。（如图5-2-21）

20. 戳步抽格

右脚向后退一步，左脚跟半步成戳脚步，身体略右转，同时两手持刀向右后方带格刀，刀刃朝右，刀尖斜向左上，刀首高与胸平，目视刀尖方向。（如图5-2-22）

21. 进步撩刀

左脚向左斜前方上一步，右脚跟进成戳脚步，身体略左转，同时两手持刀以右手为轴左手推刀把向右斜前方撩出，刀刃朝上，刀尖高与裆平，刀首高与胸平，目视刀尖方向。（如图5-2-23）

图 5-2-21　　　　　　图 5-2-22　　　　　　图 5-2-23

22. 上挂劈刀

左脚向左闪一步，成后开立步，左脚再向前上一步，右脚跟随半步成戳脚步，身体略右转再左转；同时两手持刀上挂再向前劈刀，刀刃朝前，刀尖斜向上，刀首高与胸平，双目平视前方。（如图 5-2-24）

23. 退步带格

右脚向后退一步成左虚步，身体略右转，同时两手持刀向右后方带格刀，刀刃朝右，刀尖向左高于头，刀首高与肩平，目视前方。（如图 5-2-25）

图 5-2-24　　　　　　图 5-2-25

24. 上步刺头

左脚向前方上一步，右脚跟随半步成后点步，同时两手持刀向前方刺出，刀刃朝下，刀尖高与肩平，刀首高与肩平，双目平视前方。（如图 5-2-26）

25. 下挂撩刀

右脚向后退一步，紧接着左脚再向前进一步成三七步，身体略右转再左转，同时两手持刀用刀背向右后挂刀紧接向前撩刀，刀刃朝前，刀尖斜向右下方，刀首高与腹平，目平视刀尖方向。（如图 5-2-27）

26. 绞拨挑豁

左脚向后退一步，紧接着右脚再向前进一步成三七步，身体左转再略右转，同时两手持刀顺时针绞一圈再向左后拨刀紧接着向右前豁刀，刀刃朝下，刀尖高与胸平，刀首高与腹平，目视右下方。（如图 5-2-28）

图 5-2-26

图 5-2-27

图 5-2-28

二、第二路单练套路

1. 预备式

（1）并步抱刀

并步站立，双手抱持刀于左肩上，刀身落肩上，刀刃朝左，刀尖向后斜上，刀首略低于肩，挺胸抬头，双目平视前方。（如图 5-2-29）

图 5-2-29

（2）并步揖礼

右手持刀，刀尖向下向右再向上划弧至于体前，刀尖向上，同时左手与右手对称划弧，左手置于右手外侧交叠，随后上体前倾约 30° 低头成揖礼姿势，然后上身再抬起，双目平视前方。（如图 5-2-30）

图 5-2-30

（3）右上挂刀

右脚向后方退步成右偏马步，身体略右转，同时两手持刀上挂刀于右胸前，刀刃朝前，刀尖向上，刀首高与胸平，目平视前方。（如图5-2-31）

2. 上步劈头

右脚向前方上一步成后点步，身体略左转，同时两手持刀向前方劈刀，刀刃朝下，刀尖斜向前高与头平，刀首高与胸平，双目平视前方。（如图5-2-32）

图 5-2-31　　　　　　　图 5-2-32

3. 退步拦刀

左脚向后方退一步成右虚步，身体略左转，同时两手持刀向左向下拦刀，刀垂立于身体左后侧，刀尖斜向下，刀刃朝外，刀首高于头平，目视前方。（如图5-2-33）

4. 进步劈刀

右脚向前方上一步，左脚跟随半步成后点步，身体略右转，同时两手持刀向前方劈刀，刀尖向前高与肩平，刀首高与胸平，目视刀尖方向。（如图5-2-34）

图 5-2-33　　　　　　　图 5-2-34

5. 插步挂压

左脚向右脚后插步，身体略左转，同时两手持刀向左挂压刀，刀刃朝外，刀尖向右斜前上方高与头平，刀首高与胸平，双目平视前方。（如图 5-2-35）

3. 退步拦刀

左脚向后方退一步成右虚步，身体略左转，同时两手持刀向左向下拦刀，刀垂立于身左侧，刀尖斜向下，刀刃朝外，刀首高与胸平，目视刀尖方向。（如图 5-2-36）

图 5-2-35　　　　　　　　　图 5-2-36

4. 进步劈刀

右脚向前方上一步，左脚跟随半步成后点步，身体略右转，同时两手持刀向前方劈刀，刀尖向前高于头，刀首高与腹平，目视前方。（如图 5-2-37）

5. 插步挂压

左脚向右脚后插步，身体略左转，同时两手持刀向左挂压刀，刀刃朝外，刀尖向右斜前上方高于头，刀首高与胸平，目视右方。（如图 5-2-38）

图 5-2-37　　　　　　　　　图 5-2-38

6. 右上击头

右脚向右上一步成后点步，身体略右转，同时两手持刀向右击出，刀背朝外，刀尖向右斜前上方，刀首高与肩平，目平视右前方。（如图5-2-39）

7. 左下绞推

左脚向后退一步成右虚步，身体略左转，同时两手持刀向左下方绞推，刀刃向左，刀尖斜向下，刀首高与腹平，双目视刀尖方向。（如图5-2-40）

图 5-2-39　　　　　　　　图 5-2-40

8. 右截腿刀

右脚向前上步成右弓步，身体略右转，同时两手持刀向右下截刀，刀刃向右，刀尖低于膝，目平视刀尖方向。（如图5-2-41）

9. 逆绞劈头

右脚上一步成后点步，身体略右转再左转，同时两手持刀逆时针绞一小圈向前方劈刀，刀刃朝前，刀尖向上，刀首高与肩平，双目平视前方。（如图5-2-42）

图 5-2-41　　　　　　　　图 5-2-42

10. 退步绞拨

右脚后退与左脚成并步，身体略左转再右转，同时两手持刀逆时针向右下绞拨，接上动不停左脚向后退一步成右虚步，身体略左转，同时两手持刀向左下方绞拨，刀刃向左，刀尖斜向下，刀首高与头平，目视刀尖方向。（如图 5-2-43）

图 5-2-43

11. 进步刺胸

右脚向前方上一步，左脚跟进半步成后点步，同时两手持刀内旋向前方刺出，刀刃朝右，刀尖向前，刀首高与腰平，双目平视前方。（如图 5-2-44）

12. 闪身挂拨

左脚向右脚后插步闪身，身体略左转，同时两手持刀向左挂拨，刀刃朝外，刀尖朝右斜前方，刀首高与胸平，双目平视右前方。（如图 5-2-45）

图 5-2-44

图 5-2-45

13. 进步刺头

左脚向左上一步，身体略左转，同时两手持刀向前送出，再左手为轴右手推刀向左刺出，刀背朝外，刀尖朝左斜上方，刀首低与腰平，目视右前方。（如图 5-2-46）

14. 退步绞推

右脚向后退一步成右虚步，身体略左转，同时两手持刀向左下方绞推，刀刃向左，刀

图 5-2-46

尖斜向下，刀首高与腹平，目视刀尖方向。（如图 5-2-47）

15. 刺腿提刀

右脚向前方上一步右弓步，左脚再向右脚后插步，右脚再向右闪跨一步成左虚步，身体略右转再左转；同时两手持刀向前下方刺刀再由下向右向上向下逆时针划弧提刀，刀垂立于身体左侧，刀刃朝前，刀尖斜向下，刀首高与头平，目视刀尖方向。（如图 5-2-48）

图 5-2-47　　　　　　　图 5-2-48

16. 顺绞抽刀

保持左虚步不变，身体略右转，同时两手持刀顺时针向右抽刀，刀刃朝右，刀尖斜向上，刀首高与胸平，目视前方。（如图 5-2-49）

17. 刺腿提刀

左脚向左斜前方上一步，成左弓步，右脚再向左脚后插步，左脚再向左闪跨一步成左弓步，身体略左转再右转再左转；同时两手持刀向左斜前下方刺刀再由下向左向上向下顺时针划弧提刀，刀斜立于身体前，刀刃朝上，刀尖微向上，刀首高与胸平，目视前方。（如图 5-2-50）

图 5-2-49　　　　　　　图 5-2-50

18. 逆绞挂刀

左脚向后方退一步成左偏马步，左脚再向左
闪一步，成后开立步，身体先左转再略右转，同
时两手持刀逆时针向下绞刀再向右上挂刀，刀刃
朝前，刀尖斜向上，刀首高与肩平，双目平视前
方。（如图 5-2-51）

图 5-2-51

19. 劈刀带拨

左脚向前上半步，右脚跟随成戳脚步，然后右脚后退一步成左虚步，
身体先略左转再右转，同时两手持刀向前劈刀再向右后方带拨，刀刃向前，
刀首高与胸平，目视前方。（如图 5-2-52）

20. 左下斜劈

右脚向前上一步，左脚跟半步，身体略左转，同时两手持刀向左前方
斜劈，刀刃斜向前，刀首高与胸平，目视前方。（如图 5-2-53）

图 5-2-52

图 5-2-53

21. 退步截拨

左脚向后退一步成右虚步，身体略右转，同时两手持刀向右下截拨刀，
刀刃朝右，刀尖斜向下，刀首高与腹平，目视刀
尖方向。（如图 5-2-54）

22. 劈头挂压

右脚向前方上一步成后点步，左脚再向左闪
半步，成后开立步，身体略右转再左转，同时两
手持刀逆绞一圈向前劈刀再上挂压刀，刀刃朝前，

图 5-2-54

刀尖斜向上，刀首高与肩平，目平视前方。（如图 5-2-55）

23. 左上击头

右脚向前上一步，左脚跟随成后点步，身体略右转，同时两手持刀向右横击，刀刃朝右，刀尖高于头，刀首高与腹平，目腹视右前方。（如图 5-2-56）

图 5-2-55 图 5-2-56

24. 退步上挂

右脚向左脚后闪退半步成插步，身体略右转，同时两手持刀上挂刀，刀刃朝前，刀尖斜向上，刀首高与腰平，目平视前方。（如图 5-2-57）

25. 进步撩刀

左脚向左斜前方上一步，右脚跟进半步成戳脚步，身体略左转，同时两手持刀以右手为轴左手推刀把向左斜前方撩出，刀刃朝上，刀尖向下平，刀首高与胸平，双目视刀尖方向。（如图 5-2-58）

图 5-2-57 图 5-2-58

26. 刺腿截拨

左脚向右脚靠拢紧接着后退一步，右脚再向前上一步成三七步，身体先略右转再左转再略右转，同时两手持用刀背向右后截刀顺势逆时针旋转一圈再向右前刺刀，刀刃朝下，刀尖高与膝平，刀首高与腹平，目视刀尖方向。（如图5-2-59）

27. 抱刀行礼

左脚向右脚靠拢成并步，同时刀交左手，左手持刀与右手对称向下向前划弧，右手置于左手外侧交叠行礼，刀刃朝上，刀尖斜向后，刀首高与胸平。（如图5-2-60）

图 5-2-59　　　　　　　　图 5-2-60

28. 并步收势

接上动，双手抱刀斜放于左肩，身体直立，目视前方。（如图5-2-61）

图 5-2-61

第三节 苗刀对练技术创新性传承

一、举鼎防守式

1. 举鼎架刀

左脚向右斜前方跨出一步，身体先右转再略
左转，同时两手持刀向左前方上架，刀刃朝上，
刀尖斜向左下，刀首高于头，目视左前方。（如
图5-3-1）

图 5-3-1

2. 上步云斩

右脚向前方上步成右弓步，身体先左转再右再左转，同时两手持刀在
头上方云转一圈向左斩刀，刀刃朝左，刀尖高与肩平，刀首高与腰平，目
平视前方。（如图5-3-2）

3. 上挂提刀

左脚向后退步成右虚步，身体先略左转再右转，同时两手持刀向左上
挂刀，顺势向后立圆划弧至身体左侧提刀，刀刃朝前，刀尖斜向下，刀首
高与头平，双目平视前方。（如图5-3-3）

图 5-3-2

图 5-3-3

147

二、下劈破鼎式

1. 上步劈头

右脚向前方上一步成后点步，身体略左转，
同时两手持刀向前方劈出，刀刃朝下，刀尖斜
向前高与头平，刀首高与胸平，双目平视前方。
（如图5-3-4）

图 5-3-4

2. 退步拦刀

左脚向后方退步成右虚步，身体略左转，同时两手持刀向左向下拦刀，
刀垂立于身左侧，刀尖斜向下，刀刃朝外，刀首高于头，目视刀尖方向。（如
图5-3-5）

3. 进步劈刀

右脚向前方上一步，左脚跟随半步成后点步，身体略右转，同时两手
持刀向前方劈刀，刀尖向前高与头平，刀首高与胸平，目视刀尖方向。（如
图5-3-6）

图 5-3-5

图 5-3-6

三、展旗防守式

1. 右闪点刀

右脚向右斜前方闪跨出一步成后点步，身体
略右再左转，同时两手持刀立圆划弧向左前方点
刀，刀刃朝下，刀尖斜向上，刀首高与腹平，目
视刀尖方向。（如图5-3-7）

图 5-3-7

2. 左上挂拨

左脚后退一步成马步，身体略左转，同时两手持刀向左上挂拨，刀刃朝左，刀尖向上，刀首高与胸平，目视右前方向。（如图 5-3-8）

图 5-3-8

四、偷步刺阳式

1. 插步挂压

左脚向右脚后插步，身体略左转，同时两手持刀向左挂压，刀刃朝外，刀尖朝右斜前上方，刀首高与胸平，目平视前方。（如图 5-3-9）

2. 右上击头

右脚向右上一步成后点步，身体略右转，同时两手持刀向右击出，刀背朝外，刀尖向右斜前上方，刀首高与胸平，目平视右前方。（如图 5-3-10）

图 5-3-9

图 5-3-10

五、击腰扫腿式

1. 插步挂拨

左脚向右脚后插步，身体略左转，同时两手持刀向左挂拨，刀刃朝左，刀尖朝上方，刀首高与胸平，目平视右方。（如图 5-3-11）

2. 右斩腰刀

右脚向右上一步，随后左脚跟步成左丁步，身体略右转，同时两手持刀向右斩刀，刀刃向右，刀尖高与腰平，目平视刀尖方向。（如图 5-3-12）

3.左下绞推

左脚向左斜后方闪退一步成右虚步，身体略左转，同时两手持刀向左下方绞推，刀刃向左，刀尖斜向下，刀首高与胸平，目视刀尖方向。（如图5-3-13）

图5-3-11　　　　　　　　图5-3-12　　　　　　　　图5-3-13

六、绞拨扫腿式

1.进步刺头

左脚向前方上步，右脚跟进成小弓步，同时双手持刀向前刺出，刀刃朝下，刀首高与肩平，目视前方。（如图5-3-14）

2.左下绞推

右脚向后退步成虚步，身体略左转再微右转，同时两手持刀向左前右后绞推，刀刃斜向下，刀首高与腹平。（如图5-3-15）

3.右截腿刀

右脚向后退步成虚步，身体略左转再微右转，同时两手持刀向左前右后绞推，刀剑斜向下，刀首高与腹平，目视前方。（如图5-3-16）

图5-3-14　　　　　　　　图5-3-15　　　　　　　　图5-3-16

七、展翅撩拨式

1.举鼎格刀

左脚向左斜前方闪跨出一步，身体略右转，同时两手持刀向右前上

方举架刀，刀刃向后，刀尖向左上方，刀首高与肩平，目视左方。（如图
5-3-17）

2.绞旋撩刀

左脚向左斜前方跨出半步，右脚经过左脚内侧向右斜前上一步成右弓
步，同时两手持刀顺时针向左下方划弧绞旋再向右斜前方撩刀，刀刃向上，
刀尖斜向下高于裆，刀首高与胸平，目视刀尖方向。（如图 5-3-18）

图 5-3-17　　　　　　　　图 5-3-18

八、劈绞展翅式

1.逆绞劈头

右脚上一步成后点步，身体略右转再左转，同时两手持刀逆时针绞一
小圈向前方劈刀，刀刃朝下，刀尖斜向上，刀首高与肩平，目平视前方。（如
图 5-3-19）

2.退步绞拨

右脚后退与左脚成并步，身体略左转再右转，同时两手持刀逆时针向
右下绞拨，接上动不停，左脚向后退一步成右虚步，身体略左转，同时两
手持刀向左下方绞拨，刀刃向左，刀尖斜向下，刀首高与腹平，目视刀尖
方向。（如图 5-3-20）

图 5-3-19　　　　　　　　图 5-3-20

九、旋压反击式

1. 左抽格刀

右脚后退一步成并步，身体略左转，同时两手持刀向左抽格刀，刀刃朝左，刀尖向前高与胸平，刀首高与腰平，目视刀尖方向。（如图 5-3-21）

2. 进步刺胸

右脚向前方上一步，左脚跟进半步成后点步，同时两手持刀内旋向前方刺出，刀刃朝右，刀尖向前，刀首高与胸平，双目平视前方。（如图 5-3-22）

3. 左上挂刀

左脚向左斜后方退一步成马步，身体略左转，同时两手持刀向左上挂拨，刀刃朝左，刀尖向上，刀首高与胸平，目视右前方向。（如图 5-3-23）

图 5-3-21　　　　　　图 5-3-22　　　　　　图 5-3-23

十、合左夹式

1. 进步刺胸

右脚向前方上一步，左脚跟进半步成后点步，同时两手持刀内旋向前方刺出，刀刃朝右，刀尖向前，刀首高与胸平，目平视前方。（如图 5-3-24）

2. 闪身挂拨（插步）

图 5-3-24

左脚向右脚后插步闪身，身体略左转，同时两手持刀向左挂拨，刀刃朝外，刀尖朝右斜前方，刀首高与胸平，目平视右前方。（如图 5-3-25）

3. 进步刺头

右脚向右上一步，身体略右转，同时两手持刀向前送出，再右手为轴

左手推刀向右刺出，刀背朝外，刀尖朝右斜上方，刀首低与肩平，目平视右前方。（如图 5-3-26）

图 5-3-25　　　　　　　　图 5-3-26

十一、跨步撩刀式

1. 左上挂刀

右脚向右斜前方上步，身体略左转，同时两手持刀向左挂刀，刀刃朝左，刀尖朝上方，刀首高与腹平，目平视右方。（如图 5-3-27）

2. 跟步撩刀

左脚跟进，右脚成左丁步，身体略右转，同时两手持刀内旋向右斜前方撩刀，刀刃向上，刀尖斜向下高于裆，刀首高与腹平，目视刀尖方向。（如图 5-3-28）

3. 跨步上撩

右脚向右斜前方跨步成小弓步，身体微右转，同时两手持剑向左斜前方撩刀，刀刃向上，刀首高与肩平，目视前方。（如图 5-3-29）

图 5-3-27　　　　　　图 5-3-28　　　　　　图 5-3-29

153

十二、凤凰点头式

1. 下挂点刀

右脚向左脚后插步，左脚再向左横跨一步成后点步，身体先略左转再右转再左转，同时两手持刀向左下挂刀再顺时针绞半个圈向左斜前方点刀，刀刃朝下，刀尖斜向下高于胸，刀首高与肩平，目视刀尖方向。（如图5-3-30）

2. 滑杀虎口

活右脚成高虚步，身体略左转再右转，同时两手持刀向左推杀，刀刃朝左，刀尖朝右方，刀首高与肩平，目视刀尖方向。（如图5-3-31）

图 5-3-30　　　　　　　　　图 5-3-31

3. 退步提刀

右脚向右斜后方退步成左虚步，身体略左转，同时两手持刀向左向下提刀，刀斜横于身体前，刀尖略高，刀刃朝上，刀首微高与肩，目视前方。（如图5-3-32）

4. 绞压斩刀

右脚向前上步，左脚跟步后点，身体微右转再左转，同时两手持刀顺时针划弧绞压向左斩刀，刀刃朝前，刀尖向右，刀首高与胸平，目视前方。（如图5-3-33）

图 5-3-32　　　　　　　　　图 5-3-33

十三、提刀斩压式

1. 刺腿提刀

右脚向前方上一步，左脚跟随成左丁步，右脚再向右闪跨一步成左虚步，身体略右转再左转，同时两手持刀向前下方刺刀再由下向右向上向下逆时针划弧提刀，刀刃朝前，刀尖斜向下，刀首高与胸平，目视刀尖方向。（如图 5-3-34）

2. 顺绞抽刀

保持左虚步不变，身体略右转，同时两手持刀顺时针向右抽刀，刀尖斜向下，刀刃朝前，刀首高与胸平，目视刀尖方向。（如图 5-3-35）

图 5-3-34　　　　　　　　　图 5-3-35

3. 绞压斩刀

左脚向左斜前方上一步，右脚跟随成后点步，身体先略右转再左转，同时两手持刀向右绞压向左斩刀，刀刃朝前，刀尖向右，刀首高与肩平，目视刀尖方向。（如图 5-3-36）

4. 退步提刀

右脚向右斜后方退步成左虚步，身体略左转，同时两手持刀向左向下提刀，刀尖斜向下，刀刃朝前，刀首高与胸平，目视刀尖方向。（如图 5-3-37）

图 5-3-36　　　　　　　　　图 5-3-37

第六章

太极拳的创新与发展

第一节　浅析传统太极拳的"松"

太极拳，作为中华民族传统武术的瑰宝，以其独特的运动理念和健身功效闻名于世。在太极拳的诸多要领中，"松"占据着核心地位，深刻理解和把握"松"的内涵，对于习练者领悟太极拳真谛、提升运动效果具有重要意义。太极拳中的"松"是贯穿拳架、推手与技击的核心原则，既是技术要求，更是心法境界。其内涵远非简单的"放松肌肉"，而是通过意识引导与身体协调，实现"松而不懈、柔中寓刚"的整体状态。

一、"松"的概念与内涵

在太极拳运动里，"松"并非简单的肌肉松弛或肢体懈怠，而是一种周身整体的、有意识的放松状态。它涵盖了身体各个部位，从肌肤、肌肉到骨骼、关节，乃至脏腑器官，都须处于一种自然舒展、不僵不紧的状态。同时，"松"还涉及精神层面，要求习练者摒弃杂念，达到内心的宁静与平和，以心行气，以气运身，使身心高度统一。

这种"松"体现了道家"无为而治"与儒家"中正平和"思想的融合。它追求一种自然而然、顺应规律的运动状态，不过分用力，不刻意造作，让身体在松柔的状态下实现气血的顺畅流通与能量的自然运转。

杨式太极拳宗师杨澄甫先生曾深刻指出："'松'字至高无上，一旦达到松净之境，其余皆属次要。"太极拳之修炼，从某种角度看，即是松之修炼。中定、松弹、松沉、轻灵、虚无等劲，皆源自松。表面上看，'松'之理论似乎简单，打坐站桩入松静之境或许不难，但在行拳走架、对练竞技中保持放松，则非人人所能做到。

在太极拳修炼中，"松"体现为关节的开放、肌肉软组织的舒张、皮肤毛孔随呼吸与动作而扩张的状态，以及精神的宁静与安逸。反之，若练习不当，松易转为懈，表现为关节闭合、肌肉软组织萎缩、皮肤腠理紧绷，以及精神状态的萎靡。懈，作为人体自然倾向，其特征为体态松散无序，如腰部懈怠导致身形垮塌，胯部松懈引起身体倾斜，膝部无力则站立不稳等。因此，如何在松而不懈间寻求平衡，成为练功的核心挑战。

练松并非全然摒弃力量，实则是身体在意识调控下，力求减少拙力的运用。此即太极拳中"四两拨千斤"之精髓。简而言之，即在"松"的过程中培育内气、提升灵性。通过放松结合多元训练，培养一种刚柔并济、轻沉兼备、松活弹抖且具有螺旋特征的整体劲力。

二、"松"在太极拳运动中的本质与内涵

体育科学研究揭示，肢体放松不仅能够提升生物力传递系统的效能，还能促进生物力的生成。具体来说，放松状态下的肌肉和肌腱能够更好地吸收和释放能量，这种能量的有效传递和利用在太极拳等武术运动中尤为重要。通过放松，可以使动作更加流畅，力量更加集中，从而增强打击或推举等动作的效果。此外，生物力的大小直接取决于肌肉、肌腱及骨骼在松弛与收缩状态间的差异幅度。例如，在太极拳的"白鹤亮翅"动作中，上肢的放松可以使肌肉和肌腱更好地吸收地面反作用力，从而增强动作的爆发力和稳定性。

探讨太极拳放松的关键要素，首要聚焦于松肩、松胯以及强化胸腰的运化能力。其中，胸部开合自如的关键在于松肩的达成，肩部放松能够使得上肢动作更加灵活，从而扩大动作的攻击范围和力度。而腰部折叠运化的核心则依赖于松胯的实现，胯部的放松有助于提升身体的协调性和稳定性，使得动作更加流畅连贯。肢体的松柔：太极拳的动作多以圆弧、螺旋为主，这就要求肢体各个关节具备良好的灵活性与柔韧性。在起势时，双臂缓缓抬起，如同在空气中轻轻滑动，肩部放松下沉，不耸肩，肘部自然弯曲，手臂肌肉不紧绷，呈现出一种松沉而富有弹性的状态。下肢在移动过程中，膝关节微微弯曲，不挺直僵硬，脚踝灵活，脚掌贴地，仿佛与地面自然贴合。这种肢体的松柔，使得动作流畅自然，如行云流水般连绵不断。

呼吸与动作的配合也是太极拳的重要特点之一，而"松"在呼吸方面

表现为顺畅自然。习练者采用腹式呼吸，吸气时，腹部微微隆起，气息自然下沉，如同将空气缓缓吸入丹田，整个过程轻松柔和，没有憋气、急吸的现象。呼气时，腹部逐渐收缩，气息均匀缓慢地吐出，与动作的开合、屈伸相呼应。呼吸的松畅，不仅为身体提供了充足的氧气，还能调节身体的内气运行，增强身体的整体协调性。

精神上的"松静"是太极拳"松"的深层次体现。在练习过程中，习练者要排除外界干扰，将注意力集中在自身的动作和呼吸上。心中不存杂念，不焦虑，不紧张，保持一种平和、宁静的心态。这种精神的松静，能够引导内气的运行，使身体的动作更加沉稳、自然，达到身心合一的境界。

综上所述，太极拳中的放松不仅是技巧上的要求，更是身心修行的重要部分。通过科学的练习和不断的体悟，练习者可以逐渐达到"松透"的状态，从而在太极拳的练习中获得更佳效果。

三、"松"对太极拳练习的重要性

（一）对肌肉与骨骼的影响

太极拳强调全身放松，特别是在松肩、松胯和锻炼胸腰运化上下功夫。这种放松状态有助于减轻肌肉紧张，降低肌肉疲劳度。长期坚持太极拳练习可以增强肌肉力量，改善肌肉质量，同时促进骨骼健康，减少骨质疏松的风险。例如，有研究指出，太极拳练习者相较于不练习者，其肌肉力量和骨骼密度均有所提高。

（二）对心血管系统的影响

太极拳的放松练习有助于促进血液循环，提高心肺功能。通过缓慢而流畅的动作，太极拳能够降低血压，改善血脂水平，减少心血管疾病的风险。一项针对老年人的研究发现，太极拳练习者相比对照组，其心血管健康指标显著改善，包括血压下降、心率变异性增加等。

（三）对神经系统的影响

太极拳的放松状态有助于调节神经系统，减轻压力和焦虑。通过深呼吸和意念集中，太极拳练习者能够放松身心，提高心理素质。此外，太极拳的放松练习还能促进大脑活跃，改善认知功能，包括注意力、记忆力和执行功能等。这对于预防老年痴呆和认知衰退具有重要意义。例如，有研究表明，太极拳练习者相比不练习者，在认知功能测试上表现更佳。

（四）对呼吸系统的影响

太极拳的放松练习注重呼吸调节，通过深长匀细的呼吸方式增加氧气供应，改善呼吸功能。长期坚持太极拳练习可以提高肺活量，增强呼吸肌的力量，减少呼吸系统疾病的风险。同时，太极拳的呼吸练习还有助于缓解哮喘等呼吸疾病的症状。

（五）对免疫系统的影响

太极拳的放松状态能够增强免疫力，提高抵抗力，预防疾病。通过改善血液循环和促进新陈代谢，太极拳有助于清除体内的有害物质，增强身体的自我修复能力。此外，太极拳的放松练习还能调节内分泌系统，平衡激素水平，有助于缓解自身免疫性疾病的症状。

（六）对心理健康的影响

太极拳的放松练习对心理健康同样具有积极影响。通过减轻压力和焦虑，太极拳练习者能够更好地应对生活中的挑战，保持积极的心态。同时，太极拳的练习还能培养耐心和毅力，提高自尊心和自信心，有助于提升整体生活质量。

综上所述，太极拳中的放松对健康具有多方面的影响，包括改善肌肉与骨骼健康、促进心血管系统健康、调节神经系统功能、增强呼吸系统功能、提高免疫力以及改善心理健康等。因此，太极拳作为一种传统的健身方式，值得广泛推广和应用。

四、具体实现"松"的方法与途径

"松"是太极拳运动的精髓所在，它贯穿于太极拳练习的全过程。通过正确理解"松"的内涵，掌握实现"松"的方法，并持之以恒地练习，习练者不仅能够更好地领悟太极拳的魅力，提升自身的武术技艺，还能获得更为显著的健身养生效果，使身心在太极拳的滋养下达到和谐统一的状态。

（一）松静

在太极拳的练习中，要关注的是松静状态的培养，这构成了放松练习的起点，是练拳的首要条件。太极拳作为一种顺应人体自然状态与规律、激发自然之力的运动，其练习要求尤为严格。

全身肌肉、韧带、骨骼及内脏的放松程度，受到大脑神经兴奋度的调控。练功过程中，大脑越入静，神经兴奋度越低，骨肉越松，血液循环越顺畅。然而，达到大脑入静的境界，并非一朝一夕之功，而是一个需要掌握要领、循序渐进的锻炼过程。心静并非强制内心平静，而是要让急于求松的心态变得缓和、坦然与宽松，进而步入无欲无求的境界。

松静是练好太极拳的关键，而阴阳虚实则是其灵魂。传统太极拳的最高境界是纯以神行，只见神的隐现，不见刚柔的痕迹。要实现良好的放松，必须加强心性修炼，这在推手对练中尤为重要。缺乏良好的心性修养，内心无法放松，形体也难以真正放松。内外不松，听劲便不灵敏，化劲便不干净，发劲便不干脆。松是太极拳劲道的根本，无法放松便无法求得整体劲。推手时，越是怕输的人，精神越紧张，越容易犯僵硬、丢顶、拱架等毛病。因此，在练习推手时，应从敢于"吃亏"入手，勇于让对方进入，练习吞容本领，放大引进幅度，不怕吃亏、不怕输，而是有意识地借对方之力锻炼自己的松活与引化能力。因此，追求松的质量，是学到较好太极拳功夫的关键。

（二）松展

在太极拳的练习中，松展是一个至关重要的环节，它要求练习者在大脑入静与意念的引导下，有序地使全身各个脏器、肌肉、韧带、关节达到松开、伸展、拉长的状态。拳论中诸如"皮毛要攻，骨节要松""对拉拔长""逢上必下""前去之中必有后撑"等要领，均强调了这种对称张开与节节贯穿的重要性。具体而言，腰胯以上的部位须松开并向上领拔，而腰胯以下则须松开并向下沉坠，形成上领天之气、下沉地之力的松展态势。这一点在练习低架拳以追求松展长功时尤为重要，否则易导致下肢僵紧不活，影响整体的放松效果。

在太极拳的对拉劲道中有四部分尤为明显：一是头部百会穴与会阴穴之间的上下对拉，通过"虚领顶劲"与"气沉丹田"保持匀称，形成上下一致的对拉弓劲；二是肩肘腕之间的对拉，产生松肩、垂肘、松腕的弓劲对拉，以及含胸拔背与松肩松腕之间的对拉；三是胯膝足之间的对拉，通过膝为弓把、胯骨与足跟为弓梢的对拉撑圆，形成圆裆；四是两手与两足之间的对拉，通过方向相反相成的分开，实现上下左右内外的贯通。

在练习太极拳时，除了体舒心静的修行外，还须在拳架动作和推手中感受上下、左右、前后的对拉弓劲。通过肢体的同时上下、前后、左右的对拉拔长式放松展开，使拳势动作既具有圆的匀整与灵活，又具备似弓与弦的对张崩弹之力，以及八面支撑的稳固气势。这种对拉弓劲的产生，需要在意、气、劲中实现对称、平衡、折叠、匀整，达到阳中有阴、阴中有阳、阴阳相济的境界。

在追求松展的过程中，意气在纵向松落的同时须伴随横向的开展，这是实现全松的关键。有些人认为肩松只须向下松至腰胯，腰胯松则只须松至腿足，然而这种理解是片面的。真正的松展需要全身各个部位的协同配合，形成完整的周身松。只有这样，才能在推手中避免承受负荷而导致腿足僵滞不灵的问题，展现太极拳的精髓与魅力。

（三）松沉

这个松沉涵盖了内气的下行、重心的降低以及关键关节的松弛下沉。松沉并非简单的下砸动作，亦非下蹲或整体身体的降低，而是特指丹田内气向下的沉降过程。诸如上肢的肩部放松、肘部下坠、下肢的髋部松弛、膝关节展开、涌泉穴紧贴地面、脚趾紧握地面，以及中盘的胸部放松、腹部充实，均为实现周身松沉的关键要素。这种肢体上的松沉状态，有助于真气下行、重心下移，进而稳固下盘根基。下盘的沉稳，又能促进中盘与上盘的灵活轻盈，最终实现轻灵与沉稳的兼备，当松柔与轻沉兼具之时，后续的拳法施展中将处处展现出八面支撑的态势。

放松须达到彻底无余，不容丝毫杂念干扰，须瞬间将松弛感传递至足底。腰部若能松弛，则内气自然下沉，双脚力量增强，桩功由此稳固。当真正达到意、气、力均沉入脚底，且深入地下时，会感受到一种力量自脚底升起，逐渐充盈全身，仿佛将人向上提拔。一旦有了这种向上的提拔感，便会深化对全身向下松沉的体验。此时方能真正领悟"根源于脚，发于腿，主宰于腰，形于手指"的拳理精髓，而顶头悬的状态也会自然而然地形成。

就太极拳的特性而言，此处所论的"松沉"是与"松而轻浮"截然不同的状态。一般人常误认为沉与重相同，实则不然。在武术术语中，重为有形之力，显得呆滞；而沉则不然，沉劲灵活多变，呈现出似松非松、似紧非紧的状态，与重截然不同。因此，在追求松沉的同时，必须警惕双重之弊；在追求轻灵的同时，亦须克服双浮之病。

这里的松沉和松懈是完全不同的，它们在含义和应用上存在着显著的差异。

松沉是指在太极拳等武术或养生功法中一种对身体状态的要求。它指的是身体的肌肉、关节、内脏等各个部位都要放松，同时保持身体结构的完整和稳定，消除紧张感，使身体处于一种自然、舒展的状态。此外，"沉"则强调身体的重心要下沉，通过放松身体使身体的重量自然地落在脚底，增强脚底与地面的接触和支撑力。在太极拳练习中，松沉是核心要素之一，它有助于提升拳法的稳定性和灵活性，增强内劲和桩功。

松懈通常指精神或行动上的松弛、懈怠。它表现为注意力不集中、做事不抓紧、纪律不严格或意志不坚定等。在日常生活或工作中，松懈可能导致效率低下、任务完成质量不高或失去竞争力。在武术或体育训练中，松懈则可能影响训练效果或比赛成绩。

在身体状态与精神状态上，松沉主要关注的是身体状态的放松和重心的下沉，而松懈则侧重于精神状态上的松弛和懈怠。

在应用场景中，松沉主要应用于武术、养生功法等需要身体放松和重心稳定的领域，而松懈则可能出现在各种需要保持专注和紧张状态的场景中。

练习结果的影响是松沉有助于提升身体的稳定性和灵活性，增强内劲和桩功；而松懈则可能导致效率低下、任务完成质量不高或失去竞争力。

所以，松沉和松懈在定义、内涵、应用场景以及结果影响等方面都存在显著的差异。在太极拳等武术或养生功法中，应追求松沉的状态以提升拳法的稳定性和灵活性；而在日常生活或工作中，则应避免松懈以保持高效和专注。

（四）松活

松活体现于两大方面：一是关节轴旷量的灵活自如，二是以丹田为中心驱动肢体顺逆缠绕的柔韧活络。关键在于通过拳法练习，尤其是松腰与胯裆劲的锤炼，逐步增进关节的灵活性、韧带的柔韧性以及肌肉的弹性，从而实现"一举一动，周身皆轻灵"的境界。这一过程中，身体各部位须达到圆活、敏捷、流畅的状态，变化迅速且自如，确保轴关节的旷量持续扩大，能向多方自由旋转，以确保在发力时力量畅通无阻，迅速将全身之力集中于发力点。

从动作形态层面看，松活要求动作呈圆形或弧形，腰部与胯部作为驱动核心，带动身体各部分进行螺旋式缠绕运动，无论是合是开、是沉是起，皆遵循螺旋轨迹，全面体现公转与自转的运动法则。太极拳的修炼，尤为注重底桩的沉稳、腰身的灵动以及上肢的轻盈。轻，是确保全身内外放松的前提，唯有采取用力尽可能少的轻柔练法，动作方能日益灵活，达到"一羽不能加之重"的极致敏感。灵，则是轻的进一步延伸，无轻则难松，不松则不灵。

太极拳的动作始终保持螺旋式、抽丝般的内外协调，促使全身各部分圆活无碍、充满弹性和韧性。因此，"松活"状态能灵活地将力量集中于任意一点，进而提升力量和速度，正如拳论所述："动急则急应，动缓则缓随"，实现周身协调一致，发力完整。轻，作为确保全身放松的先决条件，再次强调了"一举一动，周身皆要轻灵"的重要性。通过采用最小用力的轻柔练习，动作愈发灵活，最终达到"一羽不能加之重"的敏锐程度。灵，作为轻的深化，表明无轻则难以放松，不放松则无法灵活。为传承与发扬太极功夫，须从基础要领做起，从"松"字着手，松则沉，沉则轻，轻则灵，灵则动，动则变，变则化，化则发，形成连贯的太极拳修炼路径。

松活在太极拳中的体现是多方面的。第一，体现在太极拳练习者关节与肢体的灵活性上。通过太极拳的锻炼，尤其是松腰和胯裆劲的锤炼，关节的旷量得以增加，韧带的柔韧性得以增强，肌肉的弹性得以提升。这使得太极拳练习者在动作转换时能够流畅自如、不僵不拘，如行云流水般连贯。同时，各个有轴的关节在松活的状态下能够向四面八方自由地转动，保证了发劲时节节畅通，能够极快地把周身之力调整集中到施力点上去。第二，体现在动作的圆活性与协调性上。太极拳的动作要求非圆即弧，松活的状态使得练习者在动作的演绎中能够体现出圆活无滞的特点。在腰胯的带动下，身体各部分做螺旋的缠绕运动，无论是合是开、是沉是起，都遵循着螺旋的轨迹。这种圆活性的动作不仅美观大方，而且能够增强身体的协调性和平衡能力。第三，体现在发劲的完整性与灵活性上。松活的状态还有助于太极拳练习者在发劲时表现出完整性和灵活性。在松活的状态下，身体的各个部分都能够随心所欲地达到圆活、灵敏、滑润的状态，这使得练习者在发劲时能够集中全身之力，将力量准确地传递到目标点上。同时，由于身体的灵活性增强，练习者能够根据不同的对手和情境灵活地调整自己的动作和发力方式，做到"动急则急应，动缓则缓随"。第四，体现在意识的导引与身体的反应上。在太极拳的练习中，意识起着至关重要的导引作用。松活的状态使得练习者能够更好地运用意识来指挥身体的动作和发力。当意识专注于某个点时，身体能够迅速而准确地做出反应，将力量集中到该点上。这种意识与身体的紧密配合是太极拳练习者达到高超境界的重要标志之一。第五，体现在身心状态的和谐统一上。松活的状态还有助于太极拳练习者达到身心状态的和谐统一。在松活的状态下，练习者的身体得到了充分的放松和舒展，内心的紧张和压力也得到了有效的缓解。这种身心状态的和谐统一不仅有助于提升太极拳的练习效果，还能够对练习者的日常生活和工作产生积极的影响。

总之，松活在太极拳中的体现是多方面的，包括关节与肢体的灵活性、动作的圆活性与协调性、发劲的完整性与灵活性、意识的导引与身体的反应以及身心状态的和谐统一等。这些体现共同构成了太极拳松活状态的重要组成部分。

（五）松击

松击体现在诸如短劲、透劲、惊弹劲及崩炸劲等太极功夫的击打手段中。这些手段通过松透全身的整劲，实现快准、冷狠、深入骨髓的击打效果，正如拳论所述，达到极柔软而后极坚刚的内劲展现，这正是松击的精髓所在。太极宗师杨澄甫曾被人问及何以能以看似不大的力量将人远距击出且效果脆烈，他回答："我是以松劲施展的。"

为了深入理解松击，首要任务是明确"松"与"紧"的实质，这对于实施"由松入柔积刚"的技击训练至关重要。众多太极拳爱好者在习拳时，常将"松"视为太极拳的灵魂，然而，对"紧"的探讨亦不可或缺，否则可能偏离太极拳阴阳相济的原则。太极拳修炼得越松，内劲越整；劲越整，打击点越集中；点越集中，穿透力越强。这正是松紧修炼至恰到好处的体现，也是松击功夫的精髓所在。

太极拳的松击技巧，核心在于"松"与"击"的结合，即在保持身体放松的状态下发出有力且精准的击打。松的本质是内气在身体内各个部位畅通无阻而逐步凝聚成内劲，使身体像松树一样对外来力量既能化解又能反弹。在太极拳的击打动作中，松击技巧的应用至关重要。通过保持身体的放松状态，通过旋腰转脊、旋膀转腕等动作，使全身各部分肌肉在对拔中一松一紧，提高肌肉弹性，求得肌肉放松，可以更加灵活地调整击打力度和方向，同时减少自身的能量消耗。在击打时，要充分利用内劲和腰胯的力量，将力量集中于一点发出，达到精准打击的效果。

（六）松空

松空之境指整体空灵无碍，应对外界变化自然流畅。松的程度与功夫深浅相辅相成，松弛至极则功夫愈深，反之，功夫深厚亦对松的质量提出更高要求。当人体功夫修炼至虚无至极之时，面对攻击能自然而然地展现出一种应激反应，传说中，受击者泰然自若，而攻击者反被震退。

太极拳修炼中，至少须达到四空之境：首要为心空，意指思想空明无杂念。经过长期练习，达到熟能生巧之境，动作不假思索，心空自然，体内生理机能随之自然运作。其次为手空，要求两手心空灵松弛，无论阴阳手法，出手皆如挟球般自然，手指灵动，手心须保持空盈。再者是脚空，强调两脚心空灵放松，足心虚涵，涌泉穴畅通无阻，气机易于流转。最后是胸空。

松空之境是太极拳修炼至无形无象的高级阶段，此阶段须历经数十年的潜心钻研与名师指点方能企及。鉴于本人尚未达到此等境界，故无法提供具体感悟。

综上所述，太极拳中的"松"是一种全身性的放松状态，涉及肢体动作、内在气息、意念引导以及呼吸配合等多个方面。若太极拳修炼至涌泉穴产生"热、麻、胀"的体验，则标志着气血循环顺畅，日常生活中亦能展现出精神焕发、体魄强健的状态。所以，要想在太极拳的练习中达到真正的"松"境，不仅需要正确的引导与深入的体悟，还需要持之以恒的练习与不断的探索。只有这样，我们才能在太极拳的练习中不断取得进步，实现身心的和谐与统一。

第二节 太极拳：以腰胯为轴的整体运动

太极拳，作为中华传统武术中的瑰宝，以其独特的运动风格和深厚的文化内涵而闻名遐迩。其中，以腰胯为轴进行整体运动是太极拳的核心特点之一。太极拳经典文献记载："腰隙为意之源泉""腰部统领周身运动"，意在强调身体所有动作均发源于腰部的驱动，须遵循腰部的统领与调控，进而达成一种"动作时全身皆动，静止时整体皆静"的境界，体现了高度的整体协调与统一。然而，在日常练习中，常可见练习者的动作间缺乏协同性，各自为政，动作显得零碎且僵硬，这无疑背离了太极拳的运动核心，极大地削弱了其健身效果，至于技击应用，更是无从谈起。因此，太极拳常被误解为仅适合年迈体弱者的活动，这一误解源于对其深刻内涵的忽视。鉴于此，我们必须坚守太极拳的整体理念，以太极思维为指导，强化腰胯部在练习中的核心引领作用，确保动作流畅和谐，充分发挥太极拳的潜在效能。

一、腰胯在太极拳运动中的核心地位

在太极拳理论中，腰胯部被视为运动的核心驱动力与控制中心，强调其主动性与调控能力。腰胯部须成为力量的主要支点与源泉，而非肩部、胸部或膝部等其他部位。在太极拳发力时，腰胯扮演着力量起始点的关键角色。所有动作的劲力均源于脚底，通过腿部传递至腰胯，而后再由腰胯将力量节节贯穿至身体其他部位。四肢的运动应紧密联结于腰胯部，由腰胯部引领拳脚动作。上行时，先是由脚底蹬地产生向上的反作用力，经腿部传导至腰胯，此时腰胯如同一个强大的动力枢纽，将力量进行整合与转换，然后通过腰部的旋转和胯部的开合，腰部带动肩部，肩部引领肘部，肘部牵动腕部，腕部再带动手掌直至指尖，将力量顺畅地依次传递到位，实现动作的完整发力；下行时，腰部驱动胯部，胯部引导膝部，膝部带动踝部，踝部则牵引脚掌直至脚趾。将腰部比喻为"车轴"，这一说法极为贴切。正如士兵的行动须遵循司令部的指令，车轮的旋转亦依赖于车轴的驱动。然而，人在后天习惯中往往偏离了腰胯部作为"力源"的角色，形成了自动、直动的不良动作模式，这些习惯根深蒂固，导致短时间内难以精准掌握太极拳的"力道"。

因此，太极拳的练习须严格遵循其原则与方法，尤其是要确保动作由腰胯部带动。这意味着四肢不可擅自行动，不可各行其是，不可局部比划，亦不可随意乱动。只有当腰胯部成为主宰，练拳时挺腰并用中线拎松全身，肩胯才会逐渐放松并与腰部相连，手臂受力自然不再集中于肩胸，两胯根松开，两腿在腰部的牵引下迈步轻盈，收发自如，虚实清晰，步履如猫行。如此，腰胯部一动，全身随之响应，方能逐渐展现太极拳轻松柔和、连贯均匀、圆活自然、协调完整的运动特征，并体验到腰部将身体悬空提起的独特感受。

腰胯如同身体的"方向盘"，掌控着动作的方向与转换。太极拳动作多以圆弧、螺旋为主，身体的旋转、屈伸都依靠腰胯的带动。以"云手"为例，身体左右转动过程中，腰胯通过有节奏的左右旋转，引导上半身的手臂做出如同行云般的环绕动作，同时下半身的脚步也随之进行相应的移动和调整。整个动作的连贯性与协调性都依赖于腰胯这个枢纽的精准运作。若腰胯转动不灵活，动作就会变得生硬、脱节，失去太极拳特有的流畅美感。腰胯部软弱无力，身体将陷入无序状态，前后摇摆不定，不得不在肩腿处寻找支撑以维持平衡，导致力量分散，各部分各自为政，造成肩腿局部用力，全身僵硬散乱，无从谈及放松。周身劲力不合，何以实现周身一体、体整如铸，劲力贯穿？因此，唯有腰胯部作为主宰，中央挺直，具备控制力，全身方能安定团结，井然有序。如此，方能逐渐领悟太极大师郝为真所描述的"身体轻盈，两足如同在水面上行走，临渊履冰，神气内敛，不敢有丝毫散乱"的境界。故而，太极先辈指出："意之根源在于腰。"

二、以腰胯为轴的整体运动表现

上下相随：太极拳强调上下肢的协调配合，而腰胯正是实现这种配合的关键纽带。当腰胯发力带动下肢做出前进、后退或旋转动作时，上肢也会相应地做出伸展、收缩等动作。例如，在"倒卷肱"动作中，腰胯后坐，带动下肢向后退步，同时以腰为轴，手臂向后划弧回收，整个过程上下呼应，浑然一体。这种上下相随的运动模式，体现了以腰胯为轴的整体协调性，使得身体各部位形成一个有机的整体，动作流畅自然。

内外合一：除了外在肢体的协调，太极拳还注重内在气息与动作的配合，而腰胯在这一过程中也起着重要作用。在呼吸方面，腰胯的开合与呼吸的节奏相互呼应。一般来说，吸气时，腰胯微微松开下沉，腹部自然隆起；呼气时，腰胯微微收敛，腹部随之收缩。这种腰胯与呼吸的配合，有助于引导内气在体内的顺畅运行，实现内外合一的境界。同时，腰胯的运动也能带动内在的意念，使练习者在练习过程中，意念随着腰胯的动作而专注于身体的各个部位，进一步增强身心的协调性。

三、以腰胯为轴运动对练习者的益处

增强身体素质：以腰胯为轴的整体运动，能够全面锻炼到身体的各个部位。腰胯的反复转动和发力可有效增强腰部和胯部的肌肉力量，提高其柔韧性和灵活性。同时，通过腰胯带动身体其他部位的运动，也能锻炼到腿部、手臂等部位的肌肉，增强身体的平衡能力和协调性。长期坚持练习，有助于改善身体的整体机能，预防和缓解一些慢性疾病，如腰椎间盘突出、肩周炎等。

提升太极拳技艺水平：熟练掌握以腰胯为轴的运动方式是提升太极拳技艺的关键。只有腰胯运用得当，才能使动作更加圆活连贯、刚柔相济，充分展现出太极拳的独特韵味。在实战应用中，以腰胯为轴的发力方式能够使力量更加集中、迅猛，增强攻击和防守的效果。因此，对于太极拳练习者来说，注重腰胯的训练是不断提升自身技艺水平的重要途径。

促进身心和谐发展：在练习以腰胯为轴的太极拳运动过程中，练习者需要高度集中注意力，关注腰胯的动作以及与身体其他部位的配合。这种专注有助于排除杂念，使内心平静下来，从而达到身心放松的状态。同时，腰胯与呼吸、意念的配合，能够调节人体的气血运行，滋养身心，促进身心的和谐发展，缓解现代生活带来的压力和焦虑。

四、如何掌握以腰胯为轴的整体运动

强化腰胯感知训练：初学者首先要增强对腰胯部位的感知能力。可以通过一些简单的动作练习，如原地的腰胯转动、前后左右的摆动等，感受腰胯的运动轨迹和发力方式。在练习过程中，要放慢动作速度，仔细体会腰胯肌肉的收缩与舒张，逐渐熟悉腰胯的运动感觉。

结合单式动作练习：将腰胯的运动融入到具体的太极拳单式动作中进行练习。从简单的动作开始，如"起势""野马分鬃"等，反复练习，着重体会腰胯在动作中的引领作用。在练习时，要注意动作的连贯性和协调性，确保腰胯的运动能够顺畅地带动身体其他部位的动作。随着练习的深入，可以逐渐增加动作的难度和复杂性。

注重意念引导：在练习过程中，要运用意念引导腰胯的运动。在做每一个动作之前，先在脑海中想象腰胯的起始动作和运动路线，然后用意念引导腰胯按照预定的方式运动。通过意念的引导，能够更加精准地控制腰胯的动作，增强腰胯与身体其他部位的配合，使整个动作更加自然流畅。

持之以恒的练习：掌握以腰胯为轴的整体运动需要长期的坚持和练习。太极拳的技艺提升是一个循序渐进的过程，只有通过日复一日的练习，不断地调整和改进，才能逐渐熟练掌握腰胯的运用技巧，实现以腰胯为轴的整体协调运动。

总之，以腰胯为轴的整体运动是太极拳的独特魅力所在，它不仅体现了太极拳深厚的文化内涵和精妙的运动原理，更为练习者带来了诸多身心益处。通过正确的训练方法和持之以恒的练习，太极拳爱好者们能够更好地领悟和掌握这一核心要点，在太极拳的修炼道路上不断进步，收获健康与快乐。

第三节 崇尚武德，铸魂育人：
中华传统文化融入大学太极拳课堂的路径

　　教育不仅是人才培养的主要途径，也是文化传承发扬的重要渠道。各学段的学校、教育者都肩负着人才培养与文化传承的社会责任和历史使命。当前，众多高校开始关注传统文化教育，将中华优秀传统文化融入太极拳教学中，增强了学生身体素质、道德素养与文化意识，对传统文化的传承有积极的现实意义。基于此，本文立足体教融合背景下，从文化氛围、学生基本功、课程体系、教学平台四个方面入手，着重探究高校太极拳教学中中华优秀传统文化融入的有效路径，希望能为各位教师提供参考，共同推动体育、文化教育水平的提高。

　　2020 年 9 月 21 日由国家体育总局、教育部联合印发的《关于深化体教融合 促进青少年健康发展的意见》明确指出"深化具有中国特色体教融合发展，推动青少年文化学习和体育锻炼协调发展，促进青少年健康成长、锤炼意志、健全人格，培养德智体美劳全面发展的社会主义建设者和接班人"，在党委、政府的支持与引领下，在各学段学校教育中全面实现体教融合，构建体育＋教育的育人模式。太极拳作为中国武术中的拳法，以儒家、道家哲学思想与阴阳辩证理念作为核心思想，蕴含丰富的传统文化与深刻的精神内涵，通过高效太极拳教学，中华优秀传统文化的传承与发扬得以实现。随着体教融合战略的全面落实，中华优秀传统文化在高校太极拳教学中的融入，深受教育部、教育者关注，旨在提升学生身体素质，传承中华优秀传统文化，培育学生文化自觉与文化自信。

一、太极拳蕴含的中华传统文化

（一）儒家中庸思想

太极拳虽然属于道家拳法，但是由于历史上佛、道、儒三家思想相互影响，在以道家文化为核心思想的太极拳中也蕴含了佛家、儒家的文化理论，尤其是儒家的"中庸"思想多有体现。太极拳具有用意不用力、拳法慢、分虚实三大特点，太极拳的姿势要求立身中正、含胸拔背、松肩、虚领顶劲，其他包括收臀、坐腕、舒掌等姿势也都要求"无过不及"，均体现儒家的中庸思想。太极拳"无过不及"的特点，恰恰是儒家所倡导的中庸思想，与孔子的"过犹不及"思想相契合。换言之，太极拳的特点以及姿势、推手等方面的要求，与儒家的中庸思想不谋而合。

（二）道家思想文化

道家学派是太极拳产生的根基，道家思想对太极拳的影响尤其深刻。八卦图作为太极拳的重要标志，来源于道家的阴阳学，即道家的阴阳学是太极拳的重要组成部分。

其一，太极拳强调阴阳平衡，"阴阳"作为道家的基本概念，代表着两种相反却又相互依存的力量。"阴阳"在太极拳中体现为动作的"刚柔并济""动静结合""内外兼修"。其二，太极拳还强调顺其自然，这一要求与道家"顺应自然"的主张与"无为而治"的理念相契合，在太极拳中体现为每一个动作都要顺其自然，不可刻意为之。其三，道家追求内心的平静与清净，太极拳通过实现呼吸与动作的协调，让人们放松身心、净化心灵，符合道家"内圣外王"的思想理念。其四，太极讲求天人合一，道家追求人与自然的和谐统一，太极拳通过动作与自然的协调统一，达到天人合一的境界，体现了道家"道法自然"的思想文化。

二、中华传统文化融入高校太极拳教学的意义

（一）创新体育形式，锻炼学生身心

将丰富且优秀的中华传统文化融入高校太极拳教学，要求教师在关注学生太极拳动作学习的同时，还要向学生讲述太极拳所蕴含的传统文化知识与思想理念，以潜移默化的形式增进学生对太极拳文化、传统文化的理

解。相较于单纯以动作为主的体育教学形式，中华传统文化的融入推动了体育形式的创新，实现了理论与实践的有效结合，让学生感受到了太极以及传统文化的魅力。教师以更加新颖、生动的形式开展太极拳教学工作，能让学生身心得到有效锻炼，为学生身心健康发展奠定基石。

当今社会的生活节奏较快，导致人们的耐心、专注力不足，且面临着较大的生活压力。若人们的压力、抑郁等不良情绪无法得到有效纾解，则会对其身体、心理以及个人发展造成消极影响。高校除了教给学生必要的专业知识与技能外，还要培养学生适应社会生活、独立生存与发展的能力，其中，锻炼、提高学生纾解个人压力的能力尤其重要。高校在太极拳教学中，应深入挖掘太极拳所蕴含的中华传统文化，实现动作与精神、身体与内心的协调统一，让学生的身心都慢下来，在呼吸间感受自然与文化的魅力，实现对学生身心的有效锻炼。

（二）培养文化自信，传承传统文化

太极拳本身蕴含了丰富的中华传统文化，是中华优秀传统文化的重要部分。高校太极拳教学加强了对中华传统文化的重视与融入，通过体育教学，以潜移默化的形式增强学生的文化意识，培养学生的文化自觉与文化自信，将学生培养为中华传统文化的学习者、传承者、发扬者，进而永葆中华传统文化的生命力与活力。同时，借助新媒体形式还能拓宽太极拳及其文化的传播范围，如与国外高校联合开设线上太极拳课程，在世界舞台上展现太极拳与中华文化的风采，树立开放包容、追求和谐的大国形象。

三、体教融合背景下高校太极拳教学中中华传统文化融合的路径

（一）加大宣传力度，营造太极拳文化氛围

中华传统文化在高校太极拳教学中的融入并非一朝一夕就能完成的任务，教师应做好打"持久战"的准备。增进学生对太极拳以及相关文化的认识、理解，是传统文化有效融入的重要一步。在高校的支持下，体育教师应将太极拳以及传统文化纳入校园文化体系，通过校园文化建设营造浓厚的太极拳文化氛围，让学生、教师随处都能看到太极拳以及传统文化的相关内容，以这一文化宣传方式对其产生潜移默化的影响。

一方面，高校要充分利用展板、校园网站等资源，采取设计宣传页、张贴海报、公告栏科普、校园广播、网页宣传等多种形式，在全校范围内宣传太极拳以及相关传统文化，以随处可见的太极拳宣传海报、科普内容，营造太极拳文化氛围。例如，学校开展"太极拳"专题广播，每周拿出一天的时间，由校广播室播报与太极拳有关的传统文化；学校公告栏根据广播内容，每周更换相关内容，构建一个长期的科普模型，向学生宣传太极拳蕴含的传统文化与思想理念。随着专题广播的进行，学生通过观看、收听等多种方式，逐步增加对太极拳及其文化的了解。在体育教师的组织下，学校通过发布在线调查问卷的方式，了解学生对太极拳及其传统文化知识的掌握情况，并以此为依据，调整后续专题广播与公告栏宣传的内容，确保文化宣传与校园文化建设落实到学生的认知层面。

另一方面，教师作为教书育人的主体，教师的言传身教在学生学习、成长中发挥着重要作用。因此，高校应以教师为重要群体，通过举办教师太极拳比赛活动，宣传太极拳文化，促进中华传统文化在校园文化与太极拳教学中的有效融入。太极拳作为一种讲求阴阳调和、身心平衡的武术动作，能通过提高身体柔韧度、增强平衡感、改善肌肉力量等方式，帮助人们缓解压力、提高身心健康水平。随着以教师为主要群体的太极拳比赛活动的开展，学生也会受到影响，从而自主了解太极拳文化知识与思想理念，对太极拳产生兴趣，增强对太极拳文化以及传统文化的认同感。

（二）动作分解教学，教好学生体育基本功

要在高校太极拳教学中有效融入中华传统文化就应通过体育教学充分调动学生对太极拳学习与练习的兴趣，在最大程度上消除学生对太极拳学习的抵触、懈怠心理。若体育教师以课业成绩为重要指标开展太极拳教学工作，忽视学生的真实感受与学习进度，则将给中华传统文化的融入造成较大困境。因此，体育教师应以学生为主体，重视学生太极拳基本功的学习，从一招一式入手教好学生基本功，为中华传统文化的融入奠定基石。

教师应在理解太极拳所蕴含传统文化与思想理念的基础上，关注自然与生活的融入，分解、研究太极拳24式动作，渗透式融入中华传统文化。

为了摆脱太极拳教学"花架子"的困境，教师应从学生生活与学习的实际情况出发，尊重学生的共性特点与个体差异性，引导学生将太极拳动作与自己的学业、生活等相结合，在一呼一吸之间放松身心，感悟太极拳的文化意蕴。"花架子"问题的出现多是因为学生认为太极拳是"虚无"的，因此，教师应将太极拳动作与学生经历、专业知识等结合在一起，有效激发学生太极拳学习的兴趣，并引导其逐渐深入体会太极拳所蕴含的传统文化与精神内涵。随着学生对太极拳动作学习、文化理解兴趣的日益提高，将在生活中主动采取用打太极拳的方式来纾解自己内心的愤懑与学业压力，将太极拳作为日常生活的重要组成部分。长此以往，学生对太极拳动作的掌握将日渐娴熟，基本功愈发扎实，且能主动了解相关传统文化知识，从而有效降低太极拳教学中中华传统文化融入的难度。

（三）开设选修课程，完善太极拳课程体系

高校太极拳教学一般依托课堂进行，由于课时限制，教师只能将课堂的大部分时间用以动作分解教学，很少有时间向学生讲述太极拳的发展历史与思想文化。鉴于此，在学校的支持下，体育教师应开设太极拳文化选修课程，与体育课程有机融合，构建理论知识＋实践训练的太极拳课程体系。

一方面，在原有体育课程的基础上，体育教研组应面向正在学习太极拳的学生，开设线上或线下太极拳文化选修课程，将太极拳文化以及相关传统文化作为该课程的主要内容。学校在充分研究各专业学生课程表的基础上，将线下选修课程安排在空余时间，确保能为大多数学生提供参加线下选修课的机会。另一方面，为了解决课程时间冲突的问题，学校应开设线上太极拳文化选修课，要求学生在学期结束之前观看网课、提交线上作业。相较于线下课程，线上课程的灵活性较强，学生能根据自己的时间安排自由选择观看课程视频的时间与地点。

为了实现中华传统文化在太极拳教学中的有效融入，线上与线下太极拳文化选修课程内容、时间的安排应与体育课程相衔接，即跟随体育课程进度，调整选修课内容。

（四）整合教学资源，搭建数字化教学平台

随着教育信息化改革的持续深化，高校逐渐引入了多媒体教具等现代教学工具与数字化教学资源，且要求教师推进课程数字化改革。高校太极拳教学应抓住教育信息化改革的机遇，在现代教学设备、工具与丰富教学资源的支持下，获取、整合中华传统文化资源，并以多种形式将其融入太极拳教学中。

一方面，教师应全面整合线上线下教学资源，从 MOOC 平台、互联网平台，获取有关太极拳以及传统文化的丰富资源，如网络课程、多媒体教材等，为教师系统向学生呈现太极拳的发展历史、文化内涵、动作技巧等内容做准备。例如，在剪辑软件的支持下，教师可以整合视频、音频、图片、文字等多种形式的素材，制作有关太极拳及其文化介绍的微课视频，每节课向学生呈现某一点内容，循序渐进地增进学生对太极拳以及相关传统文化的理解。

另一方面，教师还要搭建数字化教学平台，以弥补线下课程的不足之处。在每节体育课结束后，教师将本节课的教学内容录制为视频，如动作分解视频、对练视频等，上传至数字化教学平台，实现体育课堂的有效延伸。学生可根据自己的课堂学习情况，从蓝墨云班课等平台打开视频，跟练视频内容，并上传自己的练习视频，由教师进行评价、点拨。

四、结语

在体教融合背景下，高校太极拳教学融入中华传统文化是实现全面育人的重要举措。高校体育课程教师作为太极拳教学主体，应充分考虑学生对太极拳动作与传统文化的掌握程度，以学生为中心，从文化氛围、学生基本功、课程体系、教学平台四个方面入手，实现太极拳理论知识与实践训练的有机融合，在信息技术与现代设备的支持下构建线上＋线下混合教学模式，拓宽学生学习太极拳动作与传统文化、练习太极拳动作的空间，实现中华传统文化在太极拳教学中的有效融入。

第四节　孔子六艺文化与太极文化融合创新的结晶——六艺太极拳

　　文化是一个国家、一个民族的灵魂，文化的兴盛预示着国家的繁荣，文化的强大则象征着民族的崛起。中华传统文化宏伟博大、源远流长，它是中华民族持续发展与壮大不可或缺的精神源泉，为中国特色社会主义提供了深厚的文化土壤，亦是中华民族在全球文化交融中保持独立地位的坚实基石。弘扬并传承中华优秀传统文化，致力于其复兴，不仅是中华民族伟大复兴的必然要求，也是推动这一过程的重要精神动力与支撑。

　　太极拳文化，作为中华优秀传统文化中的杰出代表之一，鲜明地体现了中华民族的独特文化特征。它巧妙地将中国哲学思想、传统医学理论、古代军事策略以及美学理念融为一体，集中展现了炎黄民族的智慧与才能。太极拳，作为一种集武术技击与传统健身于一体的运动形式，拥有悠久的历史渊源和广泛的民众基础。历经千百年的传承与发展，它始终深受广大人民群众的推崇与喜爱，成为了人们强身健体、修身养性的重要方式。中共中央、国务院于 2016 年 10 月 25 日印发并实施《"健康中国 2030"规划纲要》中明确提到扶持推广太极拳等民族民俗民间传统运动项目。实践证明，太极拳运动对防病治病、强身健体、愉悦身心、延年益寿和防身自卫都发挥着良好的作用。

　　太极拳运动作为中国特有的一种文化，现已成为了中国的一个文化品牌，它的传承与发扬光大，在增进民族认同感和凝聚力方面具有不可忽视的重要价值，在中华民族实现伟大复兴的宏伟历史进程中，对于提升民族自信心及加强民族团结具有突出的意义。在此背景下，太极拳的健身功能

恰好契合了"中国梦"的时代需求，进而成为推动"中国梦"实现的一股
积极力量。

在此时代条件下，在山东曲阜广大太极拳爱好者的倡议下，遵照六艺
传统文化与太极拳传统文化相融合的原则、普及性与健身性相结合的原则、
科学性与系统性的原则、技击性与观赏性的原则和寓教于拳的原则，由山
东师范大学武术系教授、硕士生导师、原山东省高校武协主席、中央警卫
局特聘教练姜周存先生带领众弟子，以孔子倡导的"礼、乐、射、御、书、
数"结合阴阳五行等学说，将儒家文化与太极拳相结合，创编出了六艺太
极拳，其一招一式都蕴含着六艺教育的文化内涵，习练者在习练过程中可
以感受到传统文化的魅力。

一、六艺太极拳的形成背景

"六艺"这一教育体系起源于夏商时期，于西周初年宫廷学府中成形，
并在孔子的私学中达到鼎盛。该教育模式以"六艺"为核心，构成了中国
先秦时期独特的文化风貌，旨在培养贵族学子掌握六项基本技能：礼仪、
音乐、射箭、驾车、文学与数学。进入春秋时期，社会动荡导致礼制瓦解、
音乐失序，鉴于此，孔子积极倡导继承并弘扬周代的礼乐文化，不遗余力
地推广"六艺"教育，以期重振社会道德与文化秩序。

《周礼·保氏》中说："养国子之道，乃教之六艺：一曰五礼，二曰
六乐，三曰五射，四曰五御，五曰六书，六曰九数。"

道者，利国利民之途径也。道是什么？道就是实现人类社会利益增长
变化的途径。人终其一生都在学习、研究、探索、实践、变通和掌控这样
的途径。所谓"得道"，就是可以把"道"的具体的行为标准贯穿到自己
的生活和工作当中去，并在自己的成长过程中因时、因地、因人去通融变化。

道之大者二：一曰"常"，二曰"非常"。常道者，能量增长之定理也；
非常道者，能量展示之变数也。增长、变化就是道之本末，就是道之阴阳。
《道德经》上说"万物负阴而抱阳"，讲的就是，生命能量的真实增长为阴，
生命能量的变化展示为阳。也就是说：人生命能量的物质基础，就决定了
人外在行为的表现状态。武者兼修内外，内求增量，外通变量，互为根本，

相互养长。

道是人类最真实、最积极、最高明的行为法则。练武之人，内调气血、外强筋骨，就是为了能够有足够的能量去践行"道"的法则。道不远人、道不弃人，都是要以充足的生命能量为基本前提的。

六艺者，道之所属。其中，礼者，道之华也；乐者，道之和也；射者，道之术也；御者，道之守也；书者，道之理也；数者，道之极也。

二、六艺太极拳文化内涵

自古以来，武术便一直是学校教育体系中的重要组成部分，其历史可追溯至早期的"六艺"教育，直至后来中华新武术的提出。武术不仅仅是一项旨在强健体魄的运动，更是学习中国文化、塑造道德规范以及培育和弘扬中华民族精神的关键途径。它具有育人为本、德育为先的教育价值。特别是在当前推动全民健身、建设小康社会以及实现中华民族伟大复兴的历史背景下，加强武术教育显得尤为重要，具有深远的特殊意义。

为贯彻落实党的十九大会议精神和习近平总书记"关于大力弘扬中华优秀传统文化"的讲话精神，进一步发扬光大儒家文化、中华武术文化，更好地促进全民健身运动的开展，姜周存教授创编出的"六艺太极拳"，极大地满足了广大太极拳爱好者对传统文化和太极拳健身的需要。

六艺太极拳全套共六个大动作，分别是礼式、乐式、射式、御式、书式、数式。具体包括并步、开步、弓步、半马步、马步、虚步、翘脚步七种步型；进步、退步、上步、跟步、开步五种步法；顾、盼、瞻、视四种眼法；旋、转、收、放、俯、仰、屈、伸八种身法；掤、将、挤、按、采、捋、肘、靠、托、裹、掩、架、穿、抹、绞、抱、分、拦、搠、打、云、推、探、撩二十四种手法。

六艺太极拳具有动作对称、易学易练，拳打卧牛、节省空间，男女老幼、适应广泛，不分时间、随时可练，动作对称、健身全面，以形释义、寓教于拳，以拳悟道、道法自然，持之以恒、益寿延年的特点。

（一）礼式

礼式是模仿孔子揖礼的外在表现，从而反映人的文化内涵，达到以礼立人、崇礼厚德的目的。在准备姿势中，双脚紧密并拢，身体保持自然的直立状态，双手则自然垂放于身体前方。随后，右手紧握成拳，左手的四指则并拢伸直，形成掌状。此时，左手掌心覆盖于右手拳面之上，两臂均呈现出轻微的弯曲状态。接着，将这一抱拳的双手缓缓抬起，直至其位于胸前位置。这一动作不仅体现了对礼仪的尊重，同时也蕴含了身心的协调与平衡。通过双手的相互配合以及身体的自然姿态，展现了一种庄重而又不失和谐的美感。微微鞠躬行礼，体现出对天地、对师长、对拳术的敬重。（如图 6-4-1）

图 6-4-1

揖礼古来有之，两手合抱，拱手为礼，不仅表达了对对方的尊重，更是展示了自己的气度和身体的能量储备。《诗经》上说："桃之夭夭，灼灼其华。"一个生命力旺盛、具足了修养的人，一定有其祥和、华贵的外表。这样祥和、华贵的外表是什么样的状态呢？那就是举止皆合乎于礼。

《大学》中说："物有本末，事有终始。"守礼之人自然就是君子。所谓"礼"者，末也；"道"者，本也。得道在先，守礼在后。想要一个人守礼、遵礼，首先要解决自身生命能量的增长和变化的问题。换言之，能够持之以礼，一定是一个人积极修道的终极表现。

揖礼作为人际交往的基本准则，其核心价值在于促进和谐，即"礼之用，贵在于和"。遵循礼仪，实则是在修养身心之道上不断前行。这里的"道"，不仅是个人品德与能力成长的出发点，也是推动社会进步与发展的重要基石。换言之，修身之道既是个体自我完善的起点，也是社会整体进步不可或缺的起点。中华武术是整个中华民族在战胜自然、战胜灾难的过程中用身体和智慧发明的弥足珍贵的生命成长模式。六艺太极拳是集武术之大成者，以气血为君，以筋骨皮肉为使，允文允武，增长变化，是当下国人由身体入道非常简单而又方便的通道。六艺太极拳，谨守于道，躬行于礼，是以本求末。所谓"本立道生"就是这个道理。强身健体、根深蒂固，才具备了持之以礼的先决条件。所以，在日常生活中和习武过程中，我们需要时刻注意自己的行为和仪态，树立以礼立人、崇礼厚德的人生观。

通过"揖礼起势"动作的学习，给我们的启示在于：华夏五千年文明古国，乃礼仪之邦，我们的时代青年都是才华横溢，在新时代的今天，我们只有继承传统文化之礼仪道德，才能成为"知书达理，德才兼备"的时代新人。

（二）乐式

乐式模拟古人"手抱琵琶"而款款演奏的动作来表现"以乐养性、陶冶情志"的过程。双脚分开，与肩同宽，双手以腕关节为轴，向外、向上旋转，然后手臂平行向前、向左或向右平捋，如同捋动丝线一般，动作轻柔、连贯，此时吸气。在动作转换过程中，将身体的重心平稳地转移至左脚，与此同时，右脚进行细微的内敛动作，其脚尖轻轻触碰地面，形成点地姿态。此时，左手臂执行屈肘动作，并回收至胸前位置，掌心朝向身体内侧。右手则呈现出一种向下、向后的弧形运动轨迹，随后同样进行屈肘，并环抱于胸前，掌心向外。这一系列动作完成后，双臂呈现出类似怀抱琵琶的姿态，同时，身体略呈下蹲状，以保持整体的平衡与稳定。（如图 6-4-2）

图 6-4-2

乐者，道之和也。音声相和，入通脏腑，天地万籁之音，共振性命之门。古之乐者，取乐之道也。人生苦短，快乐是人生的头等大事，能够让人快乐的事情，不但是莫大的智慧，更是莫大的功德。《道德经》上说"人法地，地法天，天法道，道法自然"，法天则地，是中国人亘古以来的智慧。古代音乐的发明，就是人们在与天地斗争、发展、融通的过程当中发明的一种可以通过声音来愉悦人的身心、振奋人的精神、养长人的生命能量的活动形式。

五音入五脏，六律通调六经。声音的刺激对人来讲是非常直接的。一个人的听觉系统直接关乎到一个人的精神状态，古典音律的出现和发展，有它特定的历史条件，那时虽然生产力相对低下，但人体却得到了最充分的释放和发展。

"乐者"，能调和于道，"和也者"，变化融通之所致也。也就是说，古典的音律通过声音对人体气血的调节，可以为人的生命能量的变量提供很大助力。这对人体的健康、社会的和谐都起到了至关重要的作用。

（三）射式

射式用古人"弯弓射虎"的形象而完成动作过程，取义以射健体、民富国强的内涵。身体从马步起始，微左转，左脚向左前方上步，脚尖外撇，同时左手向左前方穿出，掌心向下，右手向右后方划弧，掌心向上。右脚向后退步，重心后移，同时双手向下、向后捋带，掌心向内，两手臂呈弧形，眼看左手方向。身体继续右转，重心移至右脚，左脚跟提起，脚尖点地，同时右拳向上、向右前方打出，拳心向下，左拳收至右肩前，拳心向内，眼神注视右拳方向，仿佛张弓搭箭射虎之势。（如图6-4-3）

图 6-4-3

人在社会当中生存、发展，一个是个体法则、一个是群体法则。个体的射叫"独善其身"，群体的射叫"兼济天下"。传承武术、研习武术的伟大使命是什么？就是让我们在实现独善其身的前提下，不断成长、壮大，而去兼济天下。这才是王道，这才是武术最高明之路。武者，有一人敌者，有万人敌者；一人敌者，即是独善其身；万人敌者，即是兼济天下。这不是单一的战争思维，这是最高明的人生哲学。所谓"一人敌者"，即我们自己可以在社会当中独立完成自己的使命，做一个知礼、守礼、遵礼的君子；而"万人敌者"，就是名道的智慧，也是《大学》里讲的"明明德"的智慧。就是要我们通过独善其身，在自己积极成长、积极发展的过程中，通过自身利益的不断增长来感染、感召周围的人，也就是成为社会大家族发展的榜样。这样，越来越多的人积极效仿、竞相跟进，由一个人的努力变成上万人的努力，由一个人的积极，变成上万人的积极，由一个人的获取利益，变成上万人的获取利益这就实现了社会最积极的进步，这才是射礼真正的集大成者。

（四）御式

御式是古人"驾驭战车"奋勇征战的场景的肢体表现过程，从而达到以御为能、智勇双全的修身目的。完成过程包括斜方向的左右高探马、左右拽马缰、左右信马游缰，然后逐渐过度到正面的开步分缰、马步送缰、勒马带缰等等一系列连贯而形象的动作。（如图 6-4-4）

图 6-4-4

御者，道之守也，也就是中国人的内圣外王之道，即人之内文明而外柔顺。内圣外王，御之极也。古人通过不同的驾车技术来增加斩获利益的途径。

所谓"内圣"，即御己。驾驭自己是件最难的事情，可是人一旦完成了驾驭自己的使命，就由小人变成了君子，就由常人变成了大人。守住自己的本分，坚守驾驭自己的能力，保证驾驭自己的能量，修得满身的浩然正气！这就是御之本也！守不住自己，驾驭不了自己，对外施展的所有的御人之术都将会是镜中花、水中月。

"外王"即外柔顺，《道德经》上说，"天下至柔，驰骋于至坚"，柔弱胜刚强，这其实就是对于细节的把握、对于毫末的管理。把握细节就掌握了制胜的关键，这才是柔顺的真相。当一个人的言行举止都能够恰如其分，就非常容易得到周围人的认可。这样，在自己在成长的过程当中，还能够兼顾到周围人的成长、兼顾到周围人的利益，并且获得周围人的追随和认可，这才是外王之道。

（五）书式

书式用学子双手捧书，左右转换，模拟莘莘学子奋发向上而"习读经书"的场景，以表现以书悟道、熟读六经教育理念。大致过程包括右云周易、左云礼记、右云尚书、左云春秋、右云诗经、左云乐经，身体随步法的开合、双手的上下交替而左右小幅度转动。（如图6-4-5）

图 6-4-5

书者，道之理也。在没有文字的时候，人类文明的传递是要靠肢体、语言、图形来结合实践去完成的。文字的产生与发展把具体的社会现象抽象成了由各种笔划组成的文字，所以文字本身应该具备记录、传递和演化的三大功能。

　　"书中自有黄金屋，书中自有颜如玉"。古圣先贤在书中留下了人类
生产和生活最积极的生存法则。《四书五经》《诸子百家》，本本都是保障，
句句都是精典。

　　理论联系实践是最好的读书法则。只有把书中的理与自己现实的修身、
做事的道相结合，在实践的过程当中才能不断琢磨并更加精准地去验证文
字的现实意义和价值。

　　文字的发展为人类的智慧提供了更大的提升空间。这是人类社会发展
的智慧宝藏，在这样的宝藏当中去攫取我们自身发展需要的黄金法则，是
最聪明的选择。

　　（六）数式

　　数式取自周易六十四卦中的第六十三卦——既济卦的六个虚实交替的
阴阳卦爻，用肢体的开合、起伏来表现以数为据、变易阴阳的内涵，取名
为"阴阳之数"。"既济"表示已经成功、已经渡过的意思，代表事情发
展到了一个圆满的阶段，各方面都得到了较好的解决和完成，体现出一种
秩序与和谐。完成过程包括右穿分掌、屈蹲抱掌、双抱十字、双肘后击、
穿拦採按、双掌合击等动作。（如图 6-4-6）

图 6-4-6

　　数者，道之极也。所谓法天则地，一要做对空间，二要认清时间。做
对空间即符合地利，认清时间即掌握天时。古人对于数据的测算不同于电
脑化的空间数据的测算。《易经》就是中国人在三千多年前用上百万年的
历史沉淀绘制而成的一个大数据图谱，里面既有符号文明，也有文字文明，

既有时间数据也有空间数据。

数字是服务于属性的，任何科学的发展最终都是落实到数字上，但所有的数字都代表了不同的属性，这就清晰地告诉我们，偏离了属性的数字是不具备现实意义的。数字的属性归结于自然科学的分类，自然科学的发展服务于人类社会的建设，还是前面讲过的：身体是起点，身体也是终点。天人合一的思想和无限精准的数据，都是为人类和社会生存及发展服务的。

精研传统数据、精准现代数据，这两者实现有机结合，我们就可以精准地预测未来数据，前知八百年，后知八百载，这就是道之极。

（七）六艺太极拳整体运动要求

"立身中正"与"不偏不倚"：无论在内与外、精神与形体、本体与应用层面，阴阳两极均应遵循中庸之道运行。具体而言，开合动作须循中而展，收放力量应由中心而发，虚实转换须居中调整，动静变化须从中枢演变。总而言之，一切行为均应秉持中和之理，以确保全身中气顺畅贯通，周身内外气息流转不息。

当个体立身达到绝对的中正与不偏不倚时，便能稳固自身，不为外界所动摇，即便面临外力冲击也能泰然处之。同时，遵循无过与不及的原则，可以避免诸如顶撞、偏离、丧失、对抗等不良状态的发生。进一步而言，中气的充盈与贯通，使得个体在面对外界变化时，能够灵活顺应，无所阻碍。因此，"立身中正""不偏不倚"不仅是体态的要求，更是内在修养与应对外界变化的智慧体现。

"中正"一词，意指不偏不倚、恰到好处、避免过度与不足。在武术中，"打拳本为修炼身法"，而身法的核心体现便是立身中正、无丝毫偏倚，自头顶至足跟形成一条垂直线，周身内外、左右两侧均达到平衡状态。

在这一平衡体系中，躯体的中正占据主导地位，是整体稳定的关键。尽管四肢的中正起到辅助作用，但它们对躯体中正的实现具有重要影响，故中正的真正含义是全身性的中正。从人体结构上看，可分为三节：上肢为梢节，躯干为中节，下肢为根节；而从力学角度来看，全身则如同五张弓蓄势待发，双臂、双腿各为两张弓，躯干则构成中心弓。这种结构不仅增强了身体的灵活性，也为立身中正提供了坚实的生理基础。

若能使三节贯穿成一节，五弓齐备而合一，则全体中正不偏也。

掤、捋、挤、按、采、挒、肘、靠、进、退、顾、盼、定揽雀尾是太极拳的主要动作代表，通过这些招式的系统训练，使练习者掌握太极拳套路和推手的主要方法，以此来提高练习者的技术、技能。十三势动作从阴阳、时空、方向等归属正暗合四象、四隅、五行、八卦等学说。

"立身中正""不偏不倚"，都是太极拳理论中具有代表性的哲理。在练习过程中要求：其一，"头正项竖，虚领顶劲"；其二，"胸空腹实，上虚下实"；其三，"松腰敛臀，脊柱竖直"；其四，"两肩松开，沉肩坠肘"；其五，"坐胯屈膝，垂直相对"。

在探讨中正不偏的概念时，须明确其本质"非指外在形态之不偏不倚，而是指内在精神达到自然和谐的状态"。具体而言，中气流通于心肾之间，贯通脊骨，渗透至四肢骨髓，形成一种内在的动态平衡。当心神保持中正时，形体自然而然地展现出不偏不倚的姿态，动作发力既不过度也不欠缺，无论处于正面还是斜面位置，均能体现出中正的原则。以"击地捶"的动作为例，尽管身形看似倾斜，但从头顶至背部、腿部直至足底，形成了一条斜向的直线，中气贯穿其中，使得倾斜之中蕴含着中正之理。因此，中正不偏的核心在于"内心秉持的浩然之气，这种气息贯穿于全身，即便外在形体偶尔呈现倾斜之态，其内在亦能凭借中正之气来主导，确保整体的和谐与平衡"。

通过上述分析我们可以看到，中正不偏不仅是对外在形态的要求，更是对内在精神状态的一种追求，它体现了身心合一、内外和谐的哲学理念。上下一气贯通，内外一气流转，自然中正不偏。通过六艺太极拳的学习给我们的启示在于："立身中正""不偏不倚"是为人处事的原则，与道德修养紧密相连，是指导我们做人与处世的哲理。新时代的人们一定要坚守这一原则，刚正不阿、不偏不倚、堂堂正正做人，压恶镇邪、弘扬正气。另外，要求当下的青少年在掌握现代科技的同时，还要增强自己的文化道德修养，才能"术道双修，品学皆优"。

第五节 六艺太极拳的教与练

一、六艺太极拳教学训练中动作要领提示

（一）礼式

1. 揖礼起势（练肝肾）

（1）并步揖礼：起手至胸，合掌揖礼，分手起身，立掌落手。（如图 6-5-1）

（2）开步站立：重心右移，提左脚开步与肩同高，中心再回到两腿中间。（如图 6-5-2）

（3）转肩起手：全身松踏，微微含胸，上拔脊柱，后外侧展肩关节，双臂下落，双手由后向前再向上，由大拇指引领上起至胸。（如图 6-5-3）

图 6-5-1

（4）屈蹲下按：两手先内旋，掌心向斜下，下按的同时微微收肘。（如图 6-5-4）

图 6-5-2　　　　　　　图 6-5-3　　　　　　　图 6-5-4

2. 双揽雀尾（练脾胃）

（1）旋转平捋：旋踝，旋膝，旋胯，重心右移再回位，两手立掌向

189

右上升平捋。（如图 6-5-5）

（2）撇脚绞臂：两臂分别向外绞，右手至右胯。（如图 6-5-6）

（3）收脚抱球：两手里合抱球，掌心上下向对，上高与胸前，下高与肚脐平，收脚成丁字步。（如图 6-5-7）

图 6-5-5 图 6-5-6 图 6-5-7

（4）转踏半马：提左脚，勾起，蹬踏落地，微内扣，稍稍开展右膝关节，成半马步。（如图 6-5-8）

（5）左弓步掤：后脚跟外展蹬地发力，身体左转，左手掤与肩高，右掌下按于右胯旁。（如图 6-5-9）

（6）回坐双捋：内旋左腕，向外采指，向内回捋，重心后移，屈蹲下坐成虚步。（如图 6-5-10）

图 6-5-8 图 6-5-9 图 6-5-10

（7）搭手前挤：胸前右手搭左手手腕，右手劳宫穴对左手内关穴，向前推挤。（如图 6-5-11）

（8）交叉分掌：双掌分开，重心微微后移。（如图 6-5-12）

（9）回捋前按：双掌回捋与胸平，前按时掌心向内斜。（如图 6-5-13）

图 6-5-11　　　　　　　　图 6-5-12　　　　　　　　图 6-5-13

（10）开步双按：身体右转，双掌平掌，与肩同高。（如图 6-5-14）

（11）旋转平捋：同（1），方向相反。（如图 6-5-15）

（12）撇脚绞臂：同（2），方向相反。（如图 6-5-16）

图 6-5-14　　　　　　　　图 6-5-15　　　　　　　　图 6-5-16

（13）收脚抱球：
同（3），方向相反。
（如图 9-17）

（14）转踏半马：
同（4），方向相反。
（如图 9-18）

图 6-5-17　　　　　　图 6-5-18

（15）右弓步掤：同（5），方向相反。（如图 6-5-19）

（16）回坐双捋：同（6），方向相反。（如图 6-5-20）

（17）搭手前挤：同（7），方向相反。（如图 6-5-21）

  图 6-5-19   图 6-5-20   图 6-5-21

（18）交叉分掌：同（8）。（如图 6-5-22）

（19）回捋前按：同（9）。（如图 6-5-23）

（20）开步双按：同（10）。（如图 6-5-24）

  图 6-5-22   图 6-5-23   图 6-5-24

（二）乐式

手抱琵琶（收聚带脉、调养肝胆）

（1）旋转平捋：旋踝，旋膝，旋胯，重心右移再回位，两手立掌向右上升平捋。（如图 6-5-25）

（2）左抱琵琶：半转绞臂至腹前，上捋下踏，翘脚撅臂手心斜向上。（如图 6-5-26）

（3）弓步肘靠：向前迈左步成弓步，旋左臂向前挤靠，与膝关节同高。（如图 6-5-27）

图 6-5-25

图 6-5-26

图 6-5-27

（4）穿掌双按：双掌交叉，右掌在下，回左步成开步双按掌，与肩同高。（如图 6-5-28）

（5）旋转平捋：同（1），方向相反。（如图 6-5-29）

（6）右抱琵琶：同（2），方向相反。（如图 6-5-30）

图 6-5-28

（7）弓步肘靠：同（3），方向相反。（如图 6-5-31）

图 6-5-29

图 6-5-30

图 6-5-31

（三）射式

弯弓射虎（开心肺）

（1）左穿抹掌：重心回移，同时旋腕翻掌向右前方穿抹左掌。（如图6-5-32）

（2）退步双捋：退右步成虚步，手掌回捋至腹前。（如图6-5-33）

（3）弯弓射虎：右转身变拳，向左弓步贯拳，卧胯转拳，拉开两臂像弯弓射虎状。（如图6-5-34）

图6-5-32　　　　　　　图6-5-33　　　　　　　图6-5-34

（4）右穿抹掌：同（1），方向相反。（如图6-5-35）

（5）退步双捋：同（2），方向相反。（如图6-5-36）

（6）弯弓射虎：同（3），方向相反。（如图6-5-37）

图6-5-35　　　　　　　图6-5-36　　　　　　　图6-5-37

（四）御式

驾驭战车（调节心包、运行真气）

（1）左高探马：正前方上左脚，活右脚成右虚步，左掌从左耳侧推出，右掌回捋至左胸前。（如图6-5-38）

（2）右拽马缰：收右脚旋腕，退右脚成马步撅臂，目视前方。（如图6-5-39）

（3）信马由缰：右转身平捋，向左成弓步架左推右掌，左肘贴肋，旋臂上架。（如图6-5-40）

图6-5-38　　　　　　　图6-5-39　　　　　　　图6-5-40

（4）右高探马：同（1），方向相反。（如图6-5-41）

（5）左拽马缰：同（2），方向相反。（如图6-5-42）

（6）信马由缰：同（3），方向相反。（如图6-5-43）

图6-5-41　　　　　　　图6-5-42　　　　　　　图6-5-43

（7）开步分缰：回左步，双脚开立，两臂向外分开平展。（如图6-5-44）

（8）马步送缰：下蹲成马步，双掌向后向前经肋部前平插出，与胸平高。（如图6-5-45）

（9）勒马带缰：起身站立，双掌胯前按掌，头上顶。（如图6-5-46）

图 6-5-44   图 6-5-45   图 6-5-46

（五）书式

习读经书（开合维跷）

（1）右云周易：左臂左侧抬起，右掌左推，经小臂内侧上穿；向右云手，手指微斜高不过眉，左掌立掌右推。（如图6-5-47）

（2）左云礼记：同（1），方向相反，合并步。（如图6-5-48）

（3）右云尚书：同（1），方向相同，开步。（如图6-5-49）

图 6-5-47   图 6-5-48   图 6-5-49

（4）左云春秋：同（1），方向相反。（如图6-5-50）

（5）右云诗经：同（1），方向相同，合并步。（如图 6-5-51）

（6）左云乐经：同（1），方向相反，开步。（如图 6-5-52）

图 6-5-50　　　　　　图 6-5-51　　　　　　图 6-5-52

（六）数式

1.阴阳之数（伸拉三焦）

（1）右穿分掌：身体起立，按左掌，屈膝下蹲，右掌在上，前穿与胸齐。（如图 6-5-53）

（2）双抱十字：全蹲，双臂胸前十字交叉，起立。（如图 6-5-54）

（3）肘击打捶：屈膝下蹲成马步，双掌变拳，微收肘，向后肘击，向前打槌。（如图 6-5-55）

图 6-5-53　　　　　　图 6-5-54　　　　　　图 6-5-55

（4）交叉穿掌：双拳变掌向外弧形分开，在腹前交叉前插。（如图 6-5-56）

（5）双揽按掌：双掌内旋翻立，向外弧形分开下按。（如图 6-5-57）

（6）双掌合击：双掌外翻立掌，向前合击。（如图 6-5-58）

图 6-5-56

图 6-5-57

图 6-5-58

2. 九天揽月（通畅督脉）

（1）绕腰穿掌：双掌外翻成平掌，小拇指引领，向内绕要后穿。（如图 6-5-59）

（2）仰观天象：向后弯腰，目视上方并保持。（如图 6-5-60）

（3）双臂揽月：双臂从腰部向上抱出。（如图 6-5-61）

图 6-5-59

图 6-5-60

图 6-5-61

（4）起踵举臂：身体起立，双臂上举，双掌掌心转向前，手指上领，提踵。（如图 6-5-62）

图 6-5-62

3. 孔雀开屏（活肩周，展心和小肠经）

（1）屈蹲收掌：双掌掌心转向内，小拇指引领，向下向后摆动，头上抬，身体屈蹲。（如图 6-5-63）

（2）孔雀开屏：两腿直立，向前俯身，塌腰，两掌向后向前摆动，手指展开。（如图 6-5-64）

图 6-5-63　　　　　　　　图 6-5-64

4. 抱元归一（意守丹田）

（1）起立抱掌：身体起立，双臂从后向下向前向上，立掌升至肩平。（如图 6-5-65）

（2）并步站立：收左脚成并步，双掌斜掌心下按至胯旁。（如图 6-5-66）

（3）抱拳礼还：两臂上抬，右掌变拳，左掌于胸前按于右拳拳峰处，行抱拳礼，目视前方。（如图6-5-67）

图 6-5-65　　　　　　图 6-5-66　　　　　　　图 6-5-67

二、练习六艺太极拳的健身原理

（一）礼式

低头揖礼时，可使肩部肌肉和韧带得到拉伸，可以调动肝肾二气，刺激督脉，尤其是大椎穴，大椎穴是手足三阳及督脉之会，阳气汇聚于此，刺激大椎穴可以帮助人体振奋阳气，抵御邪气。

开步站立，可使气血称物平施，可养长肾气。

转肩起手，可使肩关节的肌肉、韧带得到放松，可使经气流转更加顺畅，同时配合呼吸，使心气得畅，肺气得宣，起到调节心肺二气的作用（心主神志，肺主一身之气，心肺气机流转顺畅，人体就感觉神清气爽）。

在掤、捋、挤、按四种劲的变化过程中，两臂撑圆，两掌循弧线按出，可使两手臂的手三阴、三阳经得到充分伸展，经络打开，经气顺畅，经络所属的脏腑功能得到提高。

与此同时，步法的变换，踝、膝、胯、腰，逐次旋转，加之左右弓步的变化使腿部肌肉得到充分的收缩舒张。屈伸变化应肝胆，重力变化资脾胃，肝胆脾胃四经的循环皆经过两腿，由此使肝胆脾胃四经得到充分的锻炼，可以显著提高脾胃功能，使全身气血调和，身轻体健。

（二）乐式

在腰胯带动上身转动的同时，左右两手交替变换上托、下按，使上半身的气力变换节节贯通，可使带脉收聚。经气调配得宜，可充盈五脏六腑，四肢百骸。

在重心不断交替的过程中配合步法，身体整体左右转动，下身的各个关节打开，收放自如，可以带动身体两侧的肝胆二经，因而可以调养肝胆，对女性大有裨益。

（三）射式

肝主握，两手握拳，可以激发肝气，震动肝中藏血和末梢气血周流，同时转腰蓄力，可以生发肾水，肝主筋，肾主骨，可以舒筋壮骨。

弯弓射虎时，两臂打开，使心肺二脏得到舒展，心主血，肺主气，可使心胸气顺，有助于调节心肺的气血运行，从而达到改善心肺功能的目的。

通过左右开弓，打开拉伸肩背，拉伸循行于颈肩和整条手臂的手阳明大肠经，能够解决腹胀便秘的问题；同时可刺激膻中穴（膻中穴为八会穴之一的气会，是宗气之所聚的穴位），可以调节气机，使胸中之气顺畅，缓解心慌心悸。

（四）御式

此动作在左右转动时从下到上节节贯通，（踝、膝、腰胯、肩、肘、腕关节等）最后气达指端，可引动全身的气血震荡，令身体各部气血充盈，使人精神饱满，反应敏捷，行动轻盈自如。

手臂的交替变化，既收聚了心肺的气机，又宣通调和了整体气血的状态。左（右）捌掌力点集中在掌根的"大陵"穴，此穴是手厥阴心包经的输穴和原穴。心包主喜乐，最怡情志，着意掌根，两臂不断变化，心包上的邪气就可随肺气运行宣通出体外，使心脏得到了最好的修养环境，对于身体真气的运行起着至关重要的作用。

（五）书式

完成这一动作的过程中，四肢在不断转换，手足三阴、三阳经均有动静，由此启用和调动了维脉和跷脉。维脉主稳定，跷脉主健捷，两者配合，可以让人在完成基本行为能力的基础上进一步激发出生命的潜能。

阴阳跷脉具有濡养眼目及司眼睑开合的功能，可以调节人体的睡眠和清醒。通过练习云手使阴阳二跷阴阳相交，能改善睡眠质量，协调机体功能。

阴阳维脉具有调节阴阳经气血的功能，通过云手练习可以调节诸经阴阳平衡的作用，提高四肢关节活动的能力。

练习过程中，实腹、敛臀、尾闾中正，含胸拔背，可使任督二脉畅通，二脉畅通，则身无奇病。同时，两脚之间始终保持一定的距离，两胯微含，使气冲畅通，也利于脾胃二经的运行和畅。

（六）数式

两腿下蹲，则气血鼓荡，可以调动全身气机运行，蹲起可强化腰腿部肌肉韧带的锻炼，有强化筋骨的功效，对肝肾有很好的调理作用，可提高肝肾功能，也可提振阳气，促进全身血液循环。

　　手臂的旋转和变化以及配合腹式呼吸能最大限度疏通心肺的经脉。双肘后击动作，使位于手臂外侧正中的三焦经得到完全的拉伸，提高三焦通调全身水液和主管人体内淋巴的功能，同时三焦对于臂膂之力的行使和胸腹内膈肌的运动都起着重要的作用。

　　绕腰穿掌时，两臂掌旋转，可充分活动肩肘腕关节，放松斜方肌，松解肩关节的肌肉韧带粘连，两掌食、拇指贴靠腰部，感受腰部的运动变化，意在肾俞，可培固元气，外散肾中虚热。

　　上体后仰，腰腹胸背肌肉放松，可促进血液循环，使督脉之气得以上行无阻，从而达到锻炼脊椎的目的。同时，两臂斜举并配合呼吸，活动胸大肌、肋间肌，可使肺叶充分伸缩，促进心肌运动，提高心肌功能，增加心脏血液的含氧量，从而整体提高心肺功能。

　　起踵举臂，拔腰提臀，两腿伸直，使全身充分伸展，胸廓上下打开，可提高身体的平衡性；起踵落地，这一起一落，可引心火下降和肾水上升，水火既济，心肾相交，以助睡眠。起踵同时配合两臂上举，可宽胸理气，吐胸中郁气，条畅气机。起踵时，两脚掌及大趾受力，可激发肝脾肾三经，对肝脾肾有很好的调理作用，并有助于改善胃肠的功能。

　　两臂向后上举，可以使位于手臂的心经和小肠经得到充分的伸展，气运心与小肠两大经脉，促使心与小肠气机循环加快，对人体收摄精气有很大帮助。同时，俯身抬头，对颈部后面的肌肉充分放松，对缓解颈椎疲劳和颈椎病都有好处。

第六节 六艺太极拳推广途径建构

一、六艺太极拳教学方法的推广

1.文化内涵与招式结合的教学模式

六艺太极拳根植于儒家文化，强调"礼、乐、射、御、书、数"六艺与传统武术的融合，教学中须注重文化讲解与动作示范并重。例如，通过阐释招式中的儒家哲学（如"以柔克刚""借力打力"），帮助学生理解动作背后的文化逻辑。部分教学视频还结合标准口令和呼吸节奏，增强动作的连贯性与规范性，如哔哩哔哩上的"带口令版全套演练"资源。

2.分层教学与多媒体辅助

针对不同基础的学生采用分阶段教学。

初级阶段：以站桩、基础步法和简化套路（如八式、二十四式）为主，通过慢动作分解和正背面对照演示，降低学习门槛。

进阶阶段：引入器械（如太极剑、太极扇）和复杂套路（如四十二式），结合传感器或智能设备监测动作角度，纠正姿势。

多媒体技术的应用（如线上视频、直播课程）可帮助学生在课后巩固动作细节，例如王战军通过抖音直播推广太极拳，吸引年轻群体。

3.互动性与实践性教学

通过分组练习、师生互动和社区展演活动，增强学生的参与感。例如，嘉祥县举办的六艺太极拳展演活动，既提供切磋平台，也通过"名师示范—群众模仿"的模式激发学习热情。

二、六艺太极拳训练方法的推广

1.标准化与科学化训练

训练须遵循"刚柔并济，快慢相随"原则，注重动作规范（如膝盖弯曲角度、腰部发力方式），避免因错误动作导致身体损伤。同时，结合现代科技手段（如传感器、数据分析）优化训练效果，如通过动作捕捉系统实时反馈学员的肢体协调性。

2.心理与体能并重

心理训练：通过冥想、呼吸调控培养"松而不懈"的状态，提升动作的自然流畅性。

体能强化：增加爆发力训练（如短套路快打）和耐力练习（如长套路慢练），适应不同年龄段的体能需求。

3.实战与养生结合

六艺太极拳不仅强调养生功能（如站桩调息），还注重实战技巧。例如，可以通过改编短套路展示太极拳的"四两拨千斤"实战效果，增强训练的实用性。

三、六艺太极拳的推广途径构建

1.品牌化与社区化推广

打造文化品牌：济宁市将六艺太极拳作为特色健身品牌，融入孔孟之乡的文化底蕴，通过文旅活动（如"冬游河北 井陉行动"）扩大影响力。

社区普及：针对中老年群体开展免费教学和展演活动，利用基层文体中心建立长期推广基地。

2.新媒体与年轻化策略

线上平台：通过短视频平台（如哔哩哔哩、抖音）发布教学视频，利用直播互动吸引青少年。例如，王战军的抖音账号通过"云打拳"收获百万粉丝，打破了"老年拳"的刻板印象。

校园推广：与高校合作开设太极拳课程，如曲阜师范大学的师德讲坛和太极拳表演，将六艺太极纳入体育教学体系。

3.国际交流与文化输出

借助太极拳申遗成功的契机，推动六艺太极拳的国际传播。例如，我国有好多太极名家赴海外教学，展示太极拳的文化魅力与实战价值，提升了国际认可度。

四、挑战与对策

刻板印象的突破：针对"太极拳是老年运动"的偏见，须通过年轻化改编（如短套路、快节奏表演）和赛事创新（如青少年锦标赛）来吸引多元群体。

师资培养：加强专业教练队伍建设，通过校企合作培养既懂武术又通文化的复合型教师。

政策支持：争取政府资金扶持，将六艺太极拳纳入全民健身计划，并通过学分制鼓励高校开设相关课程。

通过以上方法，六艺太极拳不仅能传承传统文化，还能在现代社会中焕发新的生命力，实现"哲拳"与"文拳"的双重价值。

第七章

健身从功法开始，健康由我做主

第一节 桩功新解

关于桩功的练习姿势及练习方法，可以说众说纷纭、百家争鸣，在老师的指导以及多年教学与练习过程中，笔者受益匪浅，感悟颇深，现将基本观点陈述如下，以求"抛砖引玉"。

一、无极桩

六艺太极拳中的无极桩与传统太极拳无极桩类似，以下是其相关内容。

（一）姿势要点

双脚：两脚平行分立与肩同宽，脚尖正对前方，脚跟平齐，全脚着力平稳，五趾轻轻贴地，不可翘也不可抓。（如图7-1-1）

图 7-1-1

身体：身体中正，头颈正直，下颌微收，眼睛平视前方或微微闭合，舌尖自然轻抵上腭。沉肩垂肘，两臂自然下垂，手指松开，中指轻贴大腿裤缝处。含胸拔背，胸部放松，背部自然舒展；松腰松胯，胯向内松，臀部略上泛，提肛。

整体：百会穴、会阴穴、两脚涌泉穴连线的中点三点成一线。

（二）呼吸方法

采用自然呼吸，也可随着熟练程度加深，逐渐过渡到腹式呼吸，即吸气时腹部微微隆起，呼气时腹部微微收缩，呼吸要自然、均匀、缓慢、细长。

（三）意念引导

初学者可先将意念集中在身体的放松上，从头部开始，依次放松面部、颈部、肩部、胸部、腹部、腰部、腿部等各个部位，也可意守丹田，想象

天地元气自头顶百会穴进入身体，缓缓流入丹田。

（四）练习时长

初学者每次可先练习 3–5 分钟，待身体适应后，逐渐延长至 10–30 分钟，每日练习 1–2 次。

（五）教学要点

强调放松：让学员充分理解身体放松的重要性，可通过一些放松练习，如抖动身体、按摩肌肉等，帮助学员找到放松的感觉。

纠正姿势：时刻观察学员的姿势，及时纠正双脚位置、身体歪斜、耸肩、弯腰等错误姿势。

引导呼吸：指导学员呼吸要自然顺畅，不可憋气或刻意控制呼吸节奏，可通过示范、讲解呼吸的原理和方法让学员慢慢体会。

讲解意念：向学员解释意念的作用和意义，帮助学员排除杂念，专注于意念的引导，如通过想象美好的场景、感受身体的气感等方式，让学员更好地进入状态。

意念口诀：吸宇宙元气，采天地精华；排万种杂念，容天人合一；固守精气神，修炼魂与魄。

二、马步抱球桩

马步抱球桩是太极拳等武术流派中的重要桩功，现择要领介绍如下。

（一）姿势要领

下肢姿势：双脚分开，宽度略宽于肩，脚尖向前或稍内扣10°左右。屈膝下蹲，膝盖不超过脚尖，保持小腿与地面垂直，大腿与地面平行或接近平行；收腹、提肛、圆裆、松腰、松胯，使臀部肌肉微微收紧，尾闾向下垂坠。

上肢姿势：两臂屈肘，环抱于胸前，如同抱着一个圆球。右手在上，位于膻中穴高度，掌心向下；左手在下，位于神阙穴高度，掌心向上，两手劳宫穴相对，相距约10厘米；沉肩坠肘，肩部放松下沉，肘部自然下垂，不可耸肩或抬肘。

身体其他部位：含胸拔背，胸部微微内含，背部肌肉舒展拔起，使脊

柱保持正直。虚领顶劲，头部向上顶起，百
会穴向上领起，同时下颌微微内收，保持颈
部自然挺直。舌抵上腭，舌尖轻轻抵住上腭
与上牙龈之间，以连通任督二脉。（如图
7-1-2）

图 7-1-2

（二）呼吸方法

一般采用自然呼吸法，即呼吸自然、均匀、
顺畅，不要刻意控制呼吸的节奏和深度。随
着练习的深入，也可以尝试采用腹式呼吸法，
吸气时腹部微微隆起，呼气时腹部微微收缩。

（三）意念引导

排除杂念，将注意力集中在身体的姿势和呼吸上。可以想象自己怀抱
一个充满气的气球，既要用力抱住不让气球跑掉，又不能用力过度将气球
挤破。也可以想象天地之间的清气从头顶百会穴进入体内，沿着身体中轴
线缓缓下沉到丹田，同时体内的浊气从脚底涌泉穴排出体外。

（四）练习时长

初学者每次练习可保持 3-5 分钟，然后逐渐增加到 10-15 分钟甚至更
长时间，每天可练习 2-3 组。

（五）教学要点

强调动作规范：详细讲解每个动作要领，让学员明白正确姿势的重要
性，通过示范和纠正使学员逐步掌握标准动作。

注重放松身心：提醒学员在练习过程中保持身心放松，避免肌肉紧张，
可通过深呼吸、抖动身体等方式帮助学员放松。

引导呼吸与意念：耐心指导学员的呼吸方法，让其体会呼吸的节奏和
深度。同时，帮助学员正确理解和运用意念引导，避免过度追求意念效果
而产生偏差。

循序渐进增加难度：根据学员的身体状况和练习进度，逐渐增加练习
的时间和强度，不可急于求成。

三、混元桩

混元桩是一种常见的武术桩功，练习者众多。关于混元桩的基本姿势
及意念如下。

混元桩口诀：足踏跟扣，踝放松；两腿如柱，膝微收；松胯圆裆，尾
闾正；丹田鼓荡，命门拱；含胸拔背，肩井穴开；沉肩坠肘，稍节舒；下
颌微收，后颈松；闭眼内观，百会空；灌气催力，百骸通。

混元桩意念：虚极笃静安心魂，意守丹田归自然。

（一）姿势要领

站立姿势：双脚平行分开，与肩同宽或
略宽，脚尖向前，脚掌均匀着力，膝盖微屈，
膝盖不超过脚尖，重心落于两脚之间，尾闾
下垂，仿佛有一根线从尾椎骨向下垂直地面。

上身姿势：含胸拔背，胸部微微内含，
放松胸廓，背部肌肉舒展拔起，使脊柱保持正
直；沉肩坠肘，肩部放松下沉，肘部自然下垂；
虚领顶颈，头部向上顶起，百会穴向上领起，
同时下颌微微内收，保持颈部自然挺直。

图 7-1-3

手臂姿势：两臂自然弯曲，抬起至胸前，如抱球状，双手掌心相对，
手指自然分开，两手间距约 20 至 30 厘米，高度与肩齐平或略低，腋下预
留容纳一拳的空间。（如图 7-1-3）

（二）呼吸方法

自然呼吸：初学时，保持自然呼吸，让气息在体内自然流动，不刻意
控制，使身心在呼吸的节奏中逐渐平静。

腹式呼吸：随着练习的深入，可过渡到腹式呼吸，吸气时腹部微微隆
起，呼气时腹部微微收缩，呼吸要做到深、长、匀、细。

（三）意念引导

抱球意念：想象自己怀抱一个充满气的气球或大树，既要用力抱住不
让气球跑掉或树倒下，又不能用力过度将气球挤破或把树拉断，通过这种

意念使手臂保持适度的张力。

气血运行意念：将注意力集中在身体的内在感受上，想象体内气血在经络中顺畅流动，如吸气时气息从头顶百会穴进入，沿身体中轴线下沉到丹田，呼气时丹田之气上升至胸腔，再从身体各处散开。

（四）练习时长与频率

时长：初学者每次练习可从 5–10 分钟开始，逐渐增加到 15–30 分钟甚至更长时间。

频率：每天可练习 1–2 次，也可根据自身情况适当增加次数，但要注意给身体留出足够的恢复时间。

（五）教学要点

动作示范与纠正：详细讲解每个动作要领并进行标准的动作示范，让学员清楚了解正确的姿势。在学员练习过程中，密切观察，及时发现并纠正错误姿势，如耸肩、挺胸、膝盖过度弯曲等。

强调放松：反复强调身心放松的重要性，让学员体会身体各部位肌肉的放松感觉，可通过一些放松练习，如抖动身体、深呼吸等，帮助学员进入放松状态。

引导呼吸和意念：耐心指导学员的呼吸方法，让学员体会呼吸的深度、节奏和气息的流动。同时，帮助学员理解和运用意念引导，避免学员过度追求意念效果而产生紧张或偏差。

第二节 三焦行脊功

三焦行脊功是通过肢体的伸展和脊柱的屈伸，对三焦起到调理作用，能拉伸脊柱，锻炼腰背部肌群，增强脊柱的灵活性，可以梳理身体各条经络，锻炼五脏六腑。动作名称及动作要领如下。

一、上焦功

1.抱丹起式：两脚开立，两臂从胯旁向外向上，经胸前合抱于腹部，自然呼吸，目视前方。（如图 7-2-1）

2.夹脊耸肩：两臂外展侧平举，半握拳，向内夹击，身体微屈，抬头后仰。（如图 7-2-2）

3.平掌扩胸：双拳变掌，翻掌心朝上，向上经面前按于胸前，继续向外扩展至最大，停留 5 秒钟。（如图 7-2-3）

图 7-2-1 　　　　　图 7-2-2 　　　　　图 7-2-3

4.提肩斜拉：掌心向外，掌背向对，肘上提，提到最大，坚持 5 秒。（如图 7-2-4）

5.竖脊顶头：掌心相对，肘斜向下，拔脊柱，坚持 5 秒钟。（如图 7-2-5）

6. 提踵冲天：双手握拳，经两腮向上过头至最高，冲拳同时提踵，坚持 5 秒。（如图 7-2-6）

图 7-2-4 　　　　　　　　　图 7-2-5 　　　　　　　　　图 7-2-6

7. 翻掌托天：双拳变掌，翻掌心朝上，微微屈蹲再起立，两臂合抱向上托天。（如图 7-2-7）

8. 虎口顶颌：两掌心朝下，从上经两侧弧形下按至腹部，经胸前虎口张开，两掌指撑拔锁骨和下颌骨，口张开，仰头，坚持 5 秒。（如图 7-2-8）

9. 洗脸梳头：两小臂相并，两掌经下巴向上洗脸、敷眼、梳头，再经太阳穴、耳侧向后，成两掌交叉。（如图 7-2-9）

图 7-2-7 　　　　　　　　　图 7-2-8 　　　　　　　　　图 7-2-9

10. 头手争力：两掌向前用力，头颈向后用力，互相争力 5 秒钟。（如图 7-2-10）

11. 摩运颈项：两大拇指按摩后脑，向下按摩颈椎，两掌根夹击颈部肌肉。（如图 7-2-11）

图 7-2-10　　　　　　　　　　图 7-2-11

12. 伸缩颈肩：两掌分开握拳，经后向前，肘向下，头向上争力，然后头向下，拳向上争力，各坚持 5 秒。（如图 7-2-12）

13. 整理归位：两掌经胸前到腹部展开合掌抱于丹田，调整呼吸。（如图 7-2-13）

图 7-2-12　　　　　　　　　　图 7-2-13

二、中焦功

1. 揉腹前顶：两掌在肚脐上，从小拇指到大拇指依次按摩腰部，自虎口撑开，掐腰向前推，低头推腰，坚持 5 秒。（如图 7-2-14）

2. 推掌抱拳：两掌指

图 7-2-14　　　　　　　　　　图 7-2-15

依次按摩腰部，向前合掌翻掌心向前，继续向前推出，立掌握拳后，回收抱于腰间，身体上挺直立。（如图7-2-15）

3.旋臂绕环：双拳变掌经前后左右转腰绕掌，头眼随手掌转动。左右各一次。（如图7-2-16）

4.扶耳侧身：一掌背后，另一掌经一侧向上横按耳部，侧腰伸拔。左右各一次。（如图7-2-17）

图7-2-16   图7-2-17

5.后举仰挺：左手握右拳手腕处，向后抬臂仰头，弯腰；右手握左拳再做一次。（如图7-2-18）

6.整理归位：两手变掌经后从两侧向上，经胸前向下，抱掌按于腹部，调整呼吸。（如图7-2-19）

图7-2-18   图7-2-19

三、下焦功

1.**摩运带脉**：两掌在肚脐下部经腹部按摩带脉，向后虎口摩运肾盂。（如图 7-2-20）

2.**屈蹲前伸**：两掌掌心向内，经臀部、大腿后侧，沿膀胱经向下到踝部，按于脚背，两掌继续向前伸出，屈膝下蹲，低头，伸拔。（如图7-2-21）

图 7-2-20　　　　　图 7-2-21

3.**推掌拔腰**：抬头，两掌交叉，掌心向内翻，掌心向外向前推出，低头拔腰。（如图7-2-22）

4.**调头摆尾**：两掌分开按于脚背部，两腿直立，俯身，抬头，左右同时摆头摆尾，重复十次。（如图7-2-23）

图 7-2-22　　　　　图 7-2-23

5.**三圆转髋**：起立，两手经大腿外侧至腰间，双手掐腰，微屈蹲，平圆、立圆、椭圆，各绕腰 3 次。（如图7-2-24）

6. **整理收势**：身体直立，两臂经腰部外展，经面前按于腹部，再回到两胯旁，提左脚，并步收势。（如图 7-2-25）

图 7-2-24   图 7-2-25

第三节　乾坤健身棒

乾坤健身棒高度与自己的肩同高，分棒把、棒身、棒梢三部分，有阳把和阴把握法，共有十三个动作组成，包括劈、扫、撩、戳、云、舞花等基本动作。其健身功效有三个方面：其一，增强肌肉力量。通过不同的握持和动作方式，如手臂的屈伸、扭转等，可以锻炼手臂、肩部、背部等部位的肌肉，增加肌肉力量和肌肉耐力；其二，提高身体协调性。使用乾坤健身棒需要身体多个部位的协同配合，如手、眼、肩、腰、腿等，有助于提高身体的协调性和平衡能力；其三，促进血液循环。在使用健身棒的过程中，身体的血液循环会加快，能够为身体各部位送去充足的养分和氧气，有利于身体健康。

乾坤健身棒十三式动作名称分别如下。

第一段

1.顶天立地定乾坤：并步持棒站立，撒右步成虚部下拨棒，撒左步成歇步压棒，上左步弓步戳棒，跟右部虚部挑棒。（如图 7-3-1、图 7-3-2）

图 7-3-1　　　　　　　　　图 7-3-2

2.左右逢缘上下飞：撒左步向左斜劈棒，并右步向右斜劈棒，上左步

向左撩棒，上右步成戳脚步右撩棒。（如图 7-3-3、图 7-3-4）

图 7-3-3　　　　　　　　　　图 7-3-4

3.抽身幻影左右点：向左侧换把斜劈棒，上步向右滑把斜劈棒，上步向左滑把斜劈棒。（如图 7-3-5、图 7-3-6）

图 7-3-5　　　　　　　　　　图 7-3-6

4.顺风摆柳把身转：左转身向左横扫棒，叉左步向下、向后、向上、向左斜劈棒；向上，向后，向下，再向上马步上戳棒，目视左侧。（如图 7-3-7、图 7-3-8）

图 7-3-7　　　　　　　　　　图 7-3-8

第二段

5.无中生有偷步戳：向左前方上右步，向后叉左步平棒，向左侧扫棒，换把向后戳把。同侧连续 3 次，然后转身对侧连续 3 次，最后一步成弓步平戳棒。（如图 7-3-9、图 7-3-10）

图 7-3-9 　　　　　　　　图 7-3-10

6.拨云见日顾后边：上右步，上云棒，成马步平扫棒；再向右转身云棒，成马步平扫棒；跟右脚顺时针绞棒，撤右步成马步右背棒。（如图 7-3-11、图 7-3-12）

图 7-3-11 　　　　　　　　图 7-3-12

第三段

7.暗渡陈仓斜上撩：左转身左上撩棒，马步接棒，再右转身右上撩棒，后转身成马步下劈棒。（如图 7-3-13、图 7-3-14）

图 7-3-13 　　　　　　　　　图 7-3-14

8.六封似壁舞花绕：向右侧上左步，提右膝，向右侧挂棒，接着做舞花棒。（如图 7-3-15、图 7-3-16）

图 7-3-15 　　　　　　　　　图 7-3-16

9.翻花舞袖连环劈：左右换把下劈棒，上左步前撩棒。（如图 7-3-17、图 7-3-18）

图 7-3-17 　　　　　　　　　图 7-3-18

10.十字八道回头看：上步平扫棒，左上右步右上撩棒，退右步右下劈棒，退左步左劈棒，上左步右撩棒，成弓步上举棒，目视右侧。（如图7-3-19、图7-3-20）

图 7-3-19   图 7-3-20

第四段

11.龙王卷旗对中门：插左步右劈棒，做扫接着向后戳棒。（如图7-3-21、图7-3-22）

图 7-3-21   图 7-3-22

12.老汉拄拐向前冲：翻腰向后劈棒，上右步右上撩棒，插左步向后戳棒，连续两次。（如图7-3-23、图7-3-24）

图 7-3-23　　　　　　　　图 7-3-24

13.仙女散花收势还：退右步成弓步前扫棒，上撩棒，下劈棒，向右下扫上撩，并步收棒。（如图 7-3-25、图 7-3-26）

图 7-3-25　　　　　　　　图 7-3-26

第四节　练功随笔

一、神为主宰（2009 年 05 月 10 日练功日记）

太极拳与其他搏击术无异，都是练人的精气神和筋骨皮的。筋骨皮，即所谓的外，是技击的物质基础，没有坚韧的筋骨技击就无从谈起。然而，只有筋骨的功夫还是不行的，还要有精气神的修炼，即内的修炼。内修绝不是用意使气，而是心性的锤炼，要做到一心不乱，专心致志，提起精神来练拳，要心存一个敬字，做到内外相合，形神兼备，才能出功夫。如果说形是枪的话，那么神就是枪里的火药，二者缺一不可。有的人因为不清楚内家拳威力的奥秘，便牵强附会地说成是气功，这样就把太极拳的锻炼引向了神秘的歧途，从而使得很多人用意使气，神经兮兮，造成了不良的影响。君不见散打王擂台上有几个气功师？日本著名的以一敌百、凌空打人的柳龙神拳大师是怎样被一个散打初学者一个照面 KO 得吗？正如太极拳宗师王宗岳所说的"此技旁门甚多，可谓差之毫厘，谬以千里，学者不可不详辨焉"。

二、谈推手（2010 年 05 月 09 日练功日记）

太极推手是锻炼人的反应运化能力，要做到粘黏连随，不丢不顶，随屈就伸，舍己从人。浑身要松活轻灵，如风中旗、浪中鱼。如果两人扎好桩步，顶牛较劲，就是双重，违背了太极拳的阴阳转化、以柔克刚的原则，而沦为了今天所见到的摔跤般的推手。这种推手毫无轻灵可言，不但把人的灵敏的神经练滞，对实战搏击毫无意义，而且对太极拳的锻炼起到了相反的作用。而像扑风捉影、水上踩葫芦才是太极拳高手的风采。

三、推手就像浪中鱼（2011 年 04 月 13 日练功日记）

太极拳高手应该如浪中鱼一般跟对手粘黏连随，不丢不顶，随屈就伸，如影随形般遇力就走，浑身松活，圆转，毫不受力，步法、身法灵活变化无滞，身体运转如轮、出击如弹，找准对手的僵硬背势，用身体的重力动能将对手击出，这就要求最大限度地放松，舍己从人，力由脚下起，主宰于腰，手不着力。

四、骨与肉（2011 年 06 月 10 日练功随笔）

太极拳要骨肉分离：骨属阳、属刚、属神、神清，精神要提得起；肉属阴、属气、气浊，要沉得下。有人说太极拳是阴阳白骨拳，此话不无道理。太极拳运动就是在神意的主宰下骨骼节节贯穿的整体运动。肉就如自行车刹车线的皮，松开不用力，而筋骨就是里面的线，劲力含在里面，也就是所谓的内劲。肉松才能气通，太极拳就是内练精气神，外练筋骨皮的全方位锻炼。

五、风中旗（2012 年 07 月 10 日练功日记）

太极拳论云：腰为蠹。蠹为古代军中大旗的旗杆，也就是说从头到脚要立起一根大旗，而其中人体的中节腰胯尾闾最为重要，做不好则旗杆会由此折断，因此，要做到树腰扣尾闾，旗杆立好了手脚要如风中的旗面，松开展放，毫不用力。然而，手脚无论如何运动，都是挂在腰上这根旗杆上的，也就是腰为主宰，要让腰当家做主，说了算。

六、太极刚柔辨（2012 年 09 月 18 日练功个人日记）

太极拳，柔也？刚也？太极拳亦柔亦刚。有刚无柔非太极，然有柔无刚更非是。太极拳要柔到一无所有，轻如鸿毛，如风似影；刚要刚到如铁铸、如钢筋混凝土一般。柔要让对手如扑风捉影般无奈，刚要如汽车撞人，如放纸鹤，摧枯拉朽。那么如何求至刚至柔的太极功夫呢？"松"是把金钥匙。真正理解了松的内涵，并依法朝思暮练，定能有成。太极者，极柔软然后极坚刚、绵里藏针之艺术也。很多太极习练者可以说既无刚又无柔，而是既僵硬又散乱。如果把僵硬当成刚、散乱当成柔，就更是南辕北辙，与太极渐行渐远了，可谓差之毫厘谬以千里，学者不可不详辨也。

七、转帖论劲（2013 年 04 月 08 日练功个人日记）

发力的真正不传之密是"大形过位"，就是步要过人、身要过人、手要过人、整个人要过人。步要过人，即前脚要超过敌人的后脚，你的步要把敌人掀起来、趟出去。身要过人，即把自己的重心砸在敌人的重心上，要把敌人砸倒、撞飞。手要过人，即要把敌人打穿、打透，打的是后脑、后心，而不是脸、胸。

真正打惯了实搏的人，反而会极力避免不必要的切磋，因为如果水平相近，一旦动手，精神激荡，杀机一起，很难控制，谁也不能保证对方不突出杀招，最好的办法就是先下手为强。实搏只能从实搏中去体会，没法教，也没法训练。蛇形或太极拳的斜飞，在切磋的时候，可以用肩撞，身靠等法把对方发出去，证明自己的步法、身法、贴身发力比对手要高。但如果是实搏，就可以有拆骨剪手、肘打、撩阴、戳眼、刺喉等用法，运用之妙，存乎一心。同门练习，常因互不相伤，故虚缓而发，虽能习得听之一、二，然日时以久，引以成习，临敌应变之际，竟多不能致用。真能致用之招，皆只一下，如此一下，当不知所用而用，不期然而然。

内家一急应，其周身瞬如刚铁撞人、如虎扑羊或虎狮王扑倒鬣狗，刹那颈椎折断，刹那扑踩在地上。接手便使对方失重，在对方身形不稳时迅速进招，落掌点要入任通督，也就是从胸前的任脉打入，对准后背的督脉，轻轻将对方抛出数步之外。打人如拍球，要体其意。眼神须活，但看住敌身中心重心一线，手上的劲碰到哪儿就往哪儿扎进去。

就是用那个"慢慢"伸出去的手打。手还是那么慢，想象用手拿着一个特重的水泥块慢慢地伸出去。虽然慢得像伸懒腰一样，但是碰上对方的脸时，只要你不收劲，信手一挥，对方就会立扑于地并且受到重创。旋转身体就是把身体摆顺在后面顶着水泥块，躲在水泥块后面往前迎着走。这得把整劲练到份上，手上有极绵软极刚硬的状态。要注意，不是极绵软和极刚强的转换，只要转换就是人为的是破体之力，而是手上不做任何变化便同时具有极坚硬和极柔软的两种效应，看着绵软碰上才知道是石头一样的坚硬。

打蜡烛能够锻炼人的穿透力，在练习时不能用手扇风，必须用拳头打出去，这是练习集中力量，跟力量大小无关，力量越集中，灭蜡烛的距离就越远。真正的高手不在于有多大力量，而在于能集中多少力量。手之练法可备油灯一只，中置三股粗灯芯一束，点燃后对准火舌击之，始则火舌有晃动之象。日久功深，手到即灭，然后将灯芯加粗。站立距离愈远，功夫愈深矣。其握前臂一抖后，突觉有一过电的感觉，由前臂而起直逼心脏。惊问其练法，不过用粗缆绳握其一端，每日抖练，功久自成。

八、逝去的武林 （2015 年 04 月 04 日个人日记）

练武要像干一件隐秘的事，偷偷摸摸地聚精会神，不如此不出功夫。书法握笔，指头在笔杆上使力，反而使不出力量来。手心要像握着一个鸡蛋，下笔时催动这个虚运出来的鸡蛋，字方能力透纸背，如有神助。形意拳是大书法，这个虚运之形，身上曲折成空的地方都要有。站熊形一开始要体会出自己的失衡，自己搞懂自己，右边重了，便要在左边加力量，或者将右边放松，这是熊形的轻重诀。

九、练功中对"松"的体会（2016 年 05 月 07 日个人日记）

内家外家之分，公认以孙禄堂先生的行气方式为区别。但是，无论是内家拳还是外家功夫都要求必要的放松，且为重要之处。那么，怎样才是放松呢？其内外机制是什么？怎样才能做到放松？……这些都是需要武术习练者必须首先要明白和解决的，也是困扰我们的前提问题。

从外形上说，无论是练哪种拳术，肢体、躯干等身体的各个部位都要具有必要的放松状态，这是协调演练的基础，也是技击和美感的体现。这里就有几个重要的部位，一是髋关节以下的下肢，二是腰部，三是肩关节以上的上肢，四是胸腹部，最后是颈椎以上的头部。

从内部机制上说，一个是心理意识放松机制说，一个是肌肉放松说，一个是关节放松说，还有是细胞放松说等等。

从技击原理上说，有重心的变化调节，力点的转移、发劲部位的开合、接触部位的用意不用力，还有内外运动的主次。

放松练习感觉，最先应该从腰裆为主的开转开始练习，松要从下到上节节放松，练习中要用意不用力，分为遇劲化劲的主动练习和以不动应万变的被动练习。

参考文献

[1] 康戈武．传统武术期待腾飞之日［J］．中华武术，2002.11．

[2] 邱丕相．全球文化背景下民主传统体育发展的思考［J］．体育科学，2006.08．

[3] 马明达．程宗猷与明代武术文献［J］．体育文化导刊，2005．

[4] 刘晋元等．传统武术创新的哲学思考［J］．山东体育科技，2004.26．

[5] 孙艳，刘晋元．传统武术继承、创新与发展的社会文化思考［J］．博击·武术科学，2007.04．

[6] 王少军．论传统武术发展现状与对策［J］．安徽师范大学学报·自然科学版，2001.24．

[7] 段丽梅．影响武术发展的主导因素及其对策[J]．山西师大体育学院学报，2003.02．

[8] 黄光丽，徐武．民间传统武术发展的制约因素及对策[J]．四川体育科学，2002.04．

[9] 李震，刘宏江，钱炳祥．当今武术发展的若干问题［J］．解放军体育学院学报，2003.02．

[10] 季建成，葛列．传统武术传播的方式与特点［J］．体育文化导刊，2003.06．

[11] 张山，温佐惠，马丽娜．中华武术发展的回顾与展望［J］．北京体育大学学报，2001.01．

[12] 马明达 . 武学探真 [M]. 台湾：台湾逸文出版，2003.01.

[13] 粟胜夫 . 中国武术发展战略研究 [M]. 北京：人民体育出版社，2003.

[14] 体育院系教材编审委员会 . 体育学院本科讲义－武术 [M]. 北京：人民体育出版社，1985.

[14] 吴图南 . 国术概论 [M]. 上海：商务印书馆，1936.

[15] 周伟良 . 中国武术史 [M]. 北京：高等教育出版社，2003.

[16] 李印东 . 武术释义 [M]. 北京：北京体育学院出版社，2008.

[17] 郑伟 . 现代运动训练与竞技论 [M]. 北京：中国科学技术出版社，2004.

[18] 庞朴 . 文化的民族性与时代性 [M]. 北京：中国和平出版社，1985.

[19] 温力 . 中国武术概论 [M]. 北京：人民体育出版社，2005.01.

[20] 习云太 . 中国武术史 [M]. 北京：人民体育出版社，1985.

[21] 田麦久 . 运动训练学 [M]. 北京：人民体育出版社，2012.05.

后 记

当书稿画上最后一个句号，心中五味杂陈，诸多感慨涌上心头。回首这段学术旅程，犹如一场艰辛却又充满惊喜的长途跋涉，如今终于抵达一个阶段性的驿站。

传统武术，这颗深埋于中华大地的璀璨明珠，承载着数千年的历史底蕴与民族精神。在时代浪潮的不断冲击下，它既面临着前所未有的机遇，也遭遇着诸多困境与挑战。置身于中国式现代化的宏大进程中，如何让传统武术重新焕发生机，实现高质量发展，成为我们武者义不容辞的责任。

犹记调研初始，为了深入了解传统武术在民间的真实传承状况，我穿梭于各个城乡角落。从古老村落中略显简陋却充满烟火气的拳坊，到城市公园里晨曦微露时武者们的矫健身姿，我与无数民间武术人促膝长谈。他们质朴的话语、对武术执着的热爱，以及传承路上的种种艰辛与坚守，都深深触动着我。这些一手资料，如同拼图碎片，一点点拼凑出了传统武术当下生存的真实画卷，也为后续研究奠定了坚实基础。

在理论构建阶段，面对浩如烟海的武术典籍、纷繁复杂的现代发展理论，无数个日夜我埋首书斋。从古代兵书、武术秘籍中探寻传统武术的本源智慧，在西方体育学、社会学、文化产业等前沿理论中寻找契合点，试图搭建起传统武术现代化发展的理论桥梁。一次次的理论推导受阻，又一次次重新梳理思路，在思维碰撞的火花中逐渐明晰传统武术的独特内涵与发展路径。

实践验证过程更是充满挑战，在与武术学校、俱乐部、非遗传承基地等合作推广武术项目时，曾遭遇过重重困难。但令人欣慰的是，每一次困境中都有同行者携手共进。武术教练们不计报酬地加班训练学员，志愿者们不辞辛劳地宣传推广武术赛事，学员们在赛场上挥汗如雨、奋力拼搏，用成绩为武术发展正名。这些温暖的瞬间，汇聚成了推动传统武术前行的强大动力。

如今，这本专著虽已成型，但我深知它只是对这一宏大课题阶段性探索的记录。传统武术的高质量发展之路漫漫修远，在中国式现代化进程中，还有更多未知等待挖掘，更多实践需要落地。感恩一路上给予我帮助的师友同仁，是导师的谆谆教诲为我指引学术方向，让我在迷茫时拨云见日；是学界前辈们的研究成果为我铺垫基石，得以站在巨人肩膀上眺望；是武术界朋友们的无私分享、倾力相助，让理论与实践得以紧密结合。

未来，我愿继续扎根于这片传统武术的沃土，以笔为锄、以智为泉，为传统武术的繁荣发展耕耘不息。期望这本专著能成为一颗火种，点燃更多人对传统武术现代化发展的探索热情，让古老的武术在中国式现代化征程中绽放出更加耀眼的光芒，生生不息，传承不止。